人才发展协会（ATD）
软技能系列

职场
影响力

［美］薇薇安·布莱德　著
（Vivian Blade）

程光锦　译

INFLUENCE IN
TALENT DEVELOPMENT

中国科学技术出版社
·北 京·

Published by arrangement with the Association for Talent Development, Alexandria, Virginia USA.

北京市版权局著作权合同登记　图字：01-2022-5109。

图书在版编目（CIP）数据

职场影响力 /（美）薇薇安·布莱德
（Vivian Blade）著；程光锦译 . — 北京：中国科学技
术出版社，2023.9
书名原文：Influence in Talent Development
ISBN 978-7-5236-0135-8

Ⅰ . ①职… Ⅱ . ①薇… ②程… Ⅲ . ①管理学—通俗
读物 Ⅳ . ① C93-49

中国国家版本馆 CIP 数据核字（2023）第 077486 号

策划编辑	杜凡如　李　卫		责任编辑	杜凡如	
封面设计	仙境设计		版式设计	蚂蚁设计	
责任校对	邓雪梅		责任印制	李晓霖	

出　　版	中国科学技术出版社
发　　行	中国科学技术出版社有限公司发行部
地　　址	北京市海淀区中关村南大街 16 号
邮　　编	100081
发行电话	010-62173865
传　　真	010-62173081
网　　址	http://www.cspbooks.com.cn

开　　本	880mm × 1230mm　1/32
字　　数	124 千字
印　　张	7.25
版　　次	2023 年 9 月第 1 版
印　　次	2023 年 9 月第 1 次印刷
印　　刷	大厂回族自治县彩虹印刷有限公司
书　　号	ISBN 978-7-5236-0135-8/C·244
定　　价	68.00 元

导读

　　工作环境正在发生变化。过去，公司优先考虑的是如何大幅度提高工作绩效和生产力，侧重对员工开展培训，希望员工能够在更短的时间内完成更多的工作。如今，公司管理者已经意识到，员工可能确实提高了工作效率，但工作质量，尤其是员工之间的合作，并未得到改善。在可预见的未来，自动化程度有望进一步提高，硬技能和软技能需求之间的平衡还会发生变化。员工未来需要投入更多时间在机器能力相对弱的工作上，如人员管理、专业技能、与人沟通等。总之，人们现在比以往任何时候都更加看重软技能的价值。

　　这就要谈到人才发展了。

　　软技能的需求日益增长，人才发展专业人士在其中可以发挥独特的作用。他们和其他员工一起工作，为整个团队提供辅导；教学设计师跨职能部门工作，解决业务需求问题；学习型管理者利用影响力，获得更多预算或资源。但是，如

果人才发展专业人士不提高自身的软技能，又如何在未来帮助员工发展软技能呢?

在人才发展协会，我们致力于创造一个更好的世界，帮助像你这样的人才发展专业人士更好地在职场帮助人才发展。作为这项工作的一部分，人才发展协会设计了人才发展能力模型作为框架，用于指导人才发展工作从业者获得知识和技能来提高自身能力，帮助员工和组织实现进一步发展。虽然软技能在"打造个人能力"方面的作用最为突出，但实际上在这个模型中的各个能力范畴，包括发展职业能力和影响组织能力等方面，软技能都起着至关重要的作用。有了软技能，人才发展专业人士将在教学设计、培训交付和引导、未来准备、变革管理等方面，再上一个台阶。

人才发展专业人士需要关于如何发展人才的资源，也需要关于如何提高自身人际交往能力的指导，进而提高适应性、自我意识和同理心、创造性、协作性、影响力和说服力。人才发展协会的软技能系列提供的正是这方面的指导。

"人才发展协会（ATD）软技能系列"中的每本书各介绍了一项软技能，都是人才发展专业人士在帮助其组织和员工发展时所必备的。每本书均分为两部分。第一部分的内容是关于该技能是什么，为什么重要，提高该技能会在内外部遇到哪些障碍。第二部分将镜头转向人才发展专业人士的日常工作，关于他们在工作中怎样实践和完善这一技能。书中还提供了工作记录表、自我反思练习和最佳实践，让人才发展专业人士得以将其技术专长与新掌握的软技能相匹配，从而建立职业复原力。

本系列包括：

- 《职场适应力》
- 《职场情商力》
- 《职场创造力》
- 《职场合作力》
- 《职场影响力》

我们很高兴能为你提供这套"人才发展协会（ATD）软技能系列"，希望这些书能为你未来的学习和发展提供帮助。

杰克·哈洛（Jack Harlow）

人才发展协会出版社高级发展编辑

序言

噢，那些被名字耽误了的软技能！

多年来，组织机构都忽视软技能，强调技术技能，常常低估了团队合作、有效沟通、使用问题解决技巧和管理冲突的价值。新任经理之所以失败，是因为他们的晋升往往是基于技术资格，而没有考虑到人际关系和鼓励团队合作的软技能。就在十几年前，培训师还羞于启齿说他们的课程提升了人们的软技能。这是为什么？

◎ 软技能的前世今生

人们之所以不愿意承认他们用到了（或需要）软技能，通常是因为名字中这个不幸的"软"字，这让人们认为软技能不如会计或工程等"硬"技能价值高。顾名思义，软技能很容易掌握，或被认为太水了，不值得重点培养。这两种看法都是对软技能的误解。事实上，赛斯·戈丁（Seth Godin）称软技能为"货真价实的"技能，"因为软技能确实行之有效，是我们现在需要的核心技能"。

然而，整个社会看重的似乎都是技术技能，而不是人际交往技能。我们钦佩的是研发新型冠状病毒疫苗的科学家，而不是人们在居家隔离期间利用沟通技巧与员工互动的领导者。我们承认不会开飞机很容易，但我们相信自己很有创造力，或者能很快适应环境。之所以会如此，是因为我们一辈子都听人这么说，对此耳熟能详——事实上却并不是这样。因此，我们更加重视通过获取高等学位和毕业后的培训认证来学习技术技能，以便能找到工作，而不重视掌握人际关系技能。

幸运的是，许多企业和企业管理者现在都已经认识到，如果员工的技术知识能得到软技能的支持，会产生很大的价值。因为软技能对你职业生涯的重要性，远比你想象中要大。请考虑：作为就业重构峰会 ① （Jobs Reset Summit）的一部分，世界经济论坛确定 50% 的劳动力需要技能再培训和

---

① 就业重构峰会，由世界经济论坛举办，汇集来自商界、政府、社会组织、媒体的卓越领袖和广大公众，共同制定有助于促进增长、增加就业、提升技能和促进平等的新议程。——编者注

技能提升。峰会还确定了未来十大职业技能的再培训需求。在 21 世纪所需的 10 项技能中，有 8 项是非技术性的，包括：创造力、独创性、主动性、领导力、社会影响力、复原力、抗压能力和灵活性。领英在 2019 年《全球人才趋势报告》（*Global Talent Trends Report*）中指出，掌握软技能是推动工作场所未来发展最重要的趋势：91% 的受访者表示，软技能与技术技能一样重要或更重要，80% 的受访者认为软技能对组织的成功非常重要。德勤的一份报告表明，"到 2030年，软技能密集型工作将占到所有工作的三分之二"，而具备协作、团队合作和创新相关技能的员工，每年可为企业多增加 2000 美元的价值。随着机器人成本的降低和人工智能的发展，团队合作、解决问题、创造力和影响力等软技能变得越来越重要。

软技能可能不像人们最初想象的那样，只作为一个可选项而存在。

◎ 软技能的重要性

软技能有时被称为企业技能或就业技能。尽管名声不好，但特别有价值，因为软技能可以在工作、职业、部门甚至行业之间转移，不像硬技能或技术技能那样，通常只与特定工作相关。沟通能力一般是最重要的软技能，但软技能还包含其他技能，比如在"人才发展协会（ATD）软技能系列"中谈到的：情商力、适应力、合作力、创造力和影响力。这些个人特质会影响员工信任度、责任感和职业道德。

软技能之所以重要，还因为几乎所有工作都需要员工之间互动。组织要求员工具备完成各项工作所必需的技术技能和正式资格。然而，事实是，商业中讲的就是关系，组织的成功也依赖于关系。这就是成功的员工、富有成效的组织和软技能碰撞出火花的地方。

◎ 软技能与人才发展能力模型

人才发展专业人士是确保组织具备成功所需的全部技术类技能和软技能的重要因素。我有时仅仅是想到为确保组织、客户、领导、学员和自身成功需要了解的一切，就已经筋疲力尽了。人才发展工作绝非千篇一律，每天、每个设计、每次产出的结果都不一样，参与者也各有各的情况。有差异是好事，因为有挑战才能有更好的发展。

作为人才发展专业人士，我们明白软技能对于员工的培训和发展至关重要，但我们自己呢？你需要哪些软技能才能在职业生涯中取得成功？是否思考过你需要精通的所有技能？

人才发展协会的人才发展能力模型有助于你认识到自身需要提高的技能，但模型中相应软技能的描述较简单，你还需要自己进一步了解更多相关内容。以下是一些例子：

- **个人提升能力**专属软技能，但未能列出其全部。很明显，沟通、情商、决策、协作、文化意识、道德行为和终身学习都是软技能。项目管理可能更具技术性，但如果没有良好的沟通和团队合作，项目就不可能成功。

- **专业发展能力**需要软技能贯穿始终。如果没有创造力，如何实现教学设计和培训授课？如果不注重情商力和影响力，就无法指导或处理职业发展问题。即使是技术应用和知识管理，也需要人才发展专业人士有适应性、创造力和合作力，才可能成功。

- **组织影响能力**侧重于在领导和组织层面工作时用到的

软技能。为获得商业洞察力，成为管理层的合作伙伴，发展组织文化，你需要与最高管理层合作，发挥影响力，并借助情商技能与最高管理层沟通。人才战略相关工作需要适应力和影响力方面的软技能。如果没有良好的沟通、情商和团队合作，就不可能成功实现改变。

为未来做准备，你需要创造力和创新精神。

简而言之，软技能能让人才发展专业人士与他人有效互动，从而掌握能力模型中跨学科的 23 项能力。

◎ 软技能：专业精神的关键

作为人才发展专业人士，我们要精通几乎所有软技能，才能履行最基本的工作职责。然而，发展软技能的重要性还有一个更为基础的因素：只有掌握了这些技能，我们才能表现出专业精神，从而赢得利益相关者、学员和同事的尊重。我们必须专业，否则怎么能被称作人才发展"专业人士"呢？

专业精神是推动我们事业发展的动力。为了让"人才发展专业人士"这个称号名副其实，我们要做高绩效者，展示出技术人才能力清单之外的素质和技能；自身要精通各项软技能，才能从容地为他人提供帮助；成为团队中的一员，证明我们能和别人合作良好；要情商高，确保察觉到、控制好和表达出自己的情绪，处理好人际关系；有创造性，帮助组织在竞争中占有优势；要适应性强，帮助组织为迎接未来做好准备；还需要影响力技能，以便自己也能在未来占有一席之地。

我们需要与各自岗位所匹配的知识和技能来完成工作，而那些成功人士同时也精通软技能。生活中的每一天，与他人的每一次互动，你都用得到这些软技能。软技能让人头脑灵活、足智多谋、复原力强，可以提高专业水平，促使职业成功，缺乏这些技能则可能会限制职业发展。

显然，软技能比人们以前认为的更重要，对于人才发展专业人士和培训师来说更是如此。学员和客户希望你的大多数课程主题都有前瞻性，还希望你为职业成功所需的技能建模。要让自己更专业，你需要哪些软技能？更清晰地沟通？人际交往能力？更加灵活？自我管理？专业风采？还是足智多谋？

E. E. 卡明斯（E. E. Cummings）说过："成长并成为真正的自己，需要勇气。"我希望你有勇气决定需要提高哪些技能才能成为最好的培训师——尤其是那些被误命名的软技能，它们一点儿都不软。你还要为自己树立足够高的标准，让自己保持训练状态。"人才发展协会（ATD）软技能系列"的这 5 本书，为你提供了一个很好的起点。

伊莱恩·碧柯（Elaine Biech）

《职业成功的技能：最大化你在工作中的潜力》（*Skills for Career Success: Maximizing Your Potential at Work*）作者

前言

塔妮莎（Tanisha）是人才发展部门负责人。在这个行业里工作了近 10 年，其中有 6 年都是在目前的公司。塔妮莎一直从事的都是人才发展工作，对这个行业充满热情。因为工作需要，塔妮莎认识公司里很多人，能接触到不同的项目和部门，她很热爱自己的工作。

凭借对公司和行业的了解，加上之前的工作经验，塔妮莎以为这些资历能让自己工作起来相当轻松，人们会很容易接受她的观察、想法和建议。但事实却不如她所愿。塔妮莎还不确定影响力对她的成功能起多大作用，但缺乏影响力相关的技能让塔妮莎感到沮丧，有时她必须分外努力才能勉强完成任务。塔妮莎团队关于人才发展的建议能否让管理者接受，影响力在其中起着至关重要的作用；参加培训的人能否采纳塔妮莎团队的想法和策略，影响力的作用也很关键。

塔妮莎意识到她必须提高自己的影响力，于是她开始研究如何影响他人，特别注意观察别人的风格，发现人们为了影响他人，使用了各种方法，从恐吓、逼迫等胁迫性手段，到协作、谈判等合作方式。在日常工作中，塔妮莎利用各种机会尝试不同的提升影响力的方法，其中一些效果较好，胁迫类手段则让她内心感到不安。塔妮莎从自己成功和失败的经历中吸取教训，下决心成为一个受尊敬的有影响力的人。但塔妮莎没有止步于此，她打算和别人分享她学到的东西。

塔妮莎发现，如果仅仅将影响力视为一种策略，可能很难产生想要的结果，影响力不像表面上看起来那么简单。我们将在本书中探讨这些经验教训，了解塔妮莎是如何成为受尊敬且有影响力的人的。

你在提升影响力方面有哪些经验？你使用的方法受到哪些经验教训的启发？

◎ 影响力教会了我什么

根据我作为管理者和从事人才发展工作多年的经验，我意识到提升影响力的技能非常重要。我的经历和塔妮莎有很多相似之处：通过观察，向导师寻求建议，从试错中学习。在职业生涯早期，我通过在同级员工中施加影响，还花了很多时间尝试影响比我职级高的人，在此过程中我了解到，影响力不会自动跟着职位走，尊重他人，专注于作出有意义的贡献，才能更有影响力。

我职业生涯中有 3 个学习提升影响力的好机会，其中两个都是与通用电气公司相关的。

我在通用电气公司工作了一段时间之后，获得了一个烹饪用具产品经理的职位，需要为烹饪产品组合中许多产品的损益负责。除了使用公司自己的制造设施，我们还与世界各地的其他制造商合作，生产专业炉灶、抽油烟机和小型炉灶。作为产品经理，我与公司各个层面、各个职能的团队一起工作，包括工程、工业设计、制造、质量、服务、财务、营销和销售等，其中没有一个人是直接向我汇报的。我还需要和来自墨西哥、加拿大，以及亚洲、欧洲的制造商合作。同时，我必须争取资金和其他资源。由于需要对产品组合的各个方面承担主要责任，影响力对于能否成功制定和执行我们的产品战略至关重要。我必须和团队成员建立起信任关系，让他们感受到我不仅看重他们的想法和贡献，还尊重他

们本人，这样才能让他们真正参与进来。

在通用电气公司的第二个职位让我学到更多关于提升影响力的知识。作为消费者和行业部门客户体验计划的负责人，我与来自各个业务和职能部门的团队一起工作。客户的反馈有时难以获得，工作就会遇到阻力，有时改善客户体验所需的投资并不在计划或者预算范围之内。我的团队没有强硬坚持或执意说服别人满足我们的要求，更多的是倾听，组织了很多次讨论会和构思会，努力建立伙伴关系。

离开通用电气公司后，我创办了人才发展和培训项目，有幸与客户合作确保他们具备必要的人力资本和系统支持，从而保持与市场的紧密性，增加竞争力，并获得进一步的成长。我与管理者一起制订计划，在评估需求后设计并提供相应的培训指导，提高企业的创新能力以实现持续性的成功。通过这项工作，我意识到人才发展在影响企业和全球经济可行性方面发挥着重要作用。

关于影响力是如何从我们与他人建立的联系中产生的这一问题，我获得了第一手的经验。我们可能不会直接与他人交谈，或者与他人互动的时间可能很短暂，但即便是在一些看似无关紧要的时刻，我们仍然会影响到别人，不是只有在履行自己工作职责的时候才会产生影响力。人才发展专业人士有机会在更深层次上产生影响力，有可能通过影响个体行为，最终改变整个企业的文化。

◎ 影响激发变化

成功改变意味着别人在你的影响之下改变了他们的看法和行为，接受你的观点。通过培训，你指导人们如何提高工作效率、精进技能、更好地管理项目、改进运营成果。虽然企业可以通过引进更多技术手段实现有效运营，但如果流程中缺少人工参与，那么工作仍然无法完成。

企业逐渐认识到它们最重要的资产其实是员工、客户和合作伙伴，这些人的体验如何，在很大程度上受到人们之间的互动方式和人际关系的影响，对运营成果也有重要影响，如工作积极性、人才保留、生产力、服务水平和收入等。人们希望受到重视，被包容和欣赏，希望有目标感，创造这样的环境就要用到情商力、创造力、合作力、适应力和影响力等技能。人才发展专业人士有机会成为行为模范，帮助其他人也获得这些技能。

◎ 影响力不等于职位权力

在没有获得官方授予的职位时，你可能不认为自己有很大的影响力，因此不觉得自己有能力改变别人。然而，不靠职位权力产生的影响力，反而能产生更大的冲击力。你在日常生活中潜移默化地影响着身边的人和周围环境，微小影响的复合效应可以对你的工作场所、社群和家庭产生更大的影响。

如果你发现自己经常处于可以影响他人的境地，请注意如何使用这种影响力。影响力既可以用来对人施加强权，也可以让人受到自然吸引。无论是与高层领导商谈，还是培养崛起的领导者，或指导专业人士重新发现目标，你如何参与并激发出他们最好的一面，是你最大的机会和回报。不管是有意为之还是无心插柳，你都会对别人的所思所想和举止行动造成影响。

企业生存的环境正处于迅速变化之中。新型冠状病毒感染已经永久性地改变了我们的工作和学习方式，数字化转型以一种前所未有的方式将我们联系在一起，促使更多人转为远程办公，虚拟课堂和在线学习也变得司空见惯。经济更加全球化，更受技术驱动，这导致技能断代，需要雇主对雇员重新培训，提高相应的工作技能。关于社会正义的呼声正在重塑企业文化，使其更具包容性和公平性。在这样的环境中，人才发展专业人士能否发挥自己的作用产生影响力，变得空前重要。他们的地位也随之提升，需要在人才发展工作中起到主导作用，让企业和职业人士在这个充满不确定性、不断发展变化的环境中也能更好地发展。

◎ 本书如何帮助你

当影响力技能开始出现在我和别人的谈话中，在我关于技能差距的研究中也时常现身时，我对它就更加关注了。在和一位客户一起设计领导力发展计划、查看客户的需求评估时，我发现影响力作为一项核心技能在该企业内部似乎尚未得到充分发展。我们正计划为一位客户重启因新冠疫情中止的领导力发展计划，参与者的反馈显示，在变化后的新环境中，影响力已成为他们更大的挑战。在查看关于职场女性的各种研究报告时，我发现影响力被视为女性获得进一步发展的机会。

在写作本书的过程中，我反思自身经历，观察他人的做法，查阅资料，通过谈话的方式了解他人的经历。在写作的过程中，我还采访了在人才发展领域有影响力的人，他们都是经验丰富的管理者。通过这项工作，我总结出一些可以增强和扩大个人影响力的原则和相关方法。在本书接下来的部分，我会进行详细介绍。

你了解了这些原则并应用起来，才能更好地提升自己在工作和个人生活中的影响力，发现自己能更有效地说服别人。在此过程中，你不需要使用职位权力，更不必身居高位，你自身就已具备产生影响力的能力。通过运用本书中提到的影响力原则，你就能在同事、领导和团队成员中提升影响力。

◎ 怎样使用本书

本书的目标是帮助你提升个人影响力，并为你提供一个框架来帮助企业员工学习提升影响力的技能。我希望你能成为一个有影响力的人，对你的个人生活、企业或者你管理的机构，产生更大、更积极的影响。

本书第一部分有三章，主要阐述影响力为什么是一项重要技能。第一章讨论影响力的含义，以及在职场环境中建立信任基础和个人联系的本质；第二章探讨为什么影响力在职场上很重要，影响力背后的科学原理是什么；第三章谈到阻碍提升影响力的因素是什么。

第二部分包括第四章到第十章，主要介绍了影响力五原则（SCALE），以及影响力在人才发展工作中的作用。在第四章中，我介绍了影响力五原则的框架，以及它对成为有影响力的人的作用。在第五章到第九章中，我详细介绍了每个原则和具体做法。

- S：社会资本。在同理心、真正关心、尊重和信任的基础上建立互利、无私的关系，社会资本将是你在这方面进行持续投资能获得的红利。

- C：勇气。面对不确定性，愿意上前一步，即使前方的道路充满了问题而非答案。

- A：真实性。根据自己的价值观和原则，你在与他人的互动中有自知之明、做事认真、言行一致。

- L：热情投入。你将投身于一个有意义的目标上，这个目标会激励你尽自己最大的努力。

● **E：参与多元和包容的职场社群。**你接纳每个人的独

特性，参与有包容性的职场社群。

在第十章中，我提供了一些步骤，帮助你变成有影响力
的人，或在企业内部提升影响力，制订个性化的行动方案。
在附录中的资源部分，你可以对照着影响力原则评估自己当
前的做法，还可以获取多种工具和资源，帮助你行动起来，
加速转型。

无论你是正处于职业生涯早期，还是已经成为一名经验
丰富的专业人士，你在目前的工作岗位上和职业发展中能否
取得成功，影响力都将发挥决定性的作用。

目 录
CONTENTS

第一部分
影响力的含义

PART 1

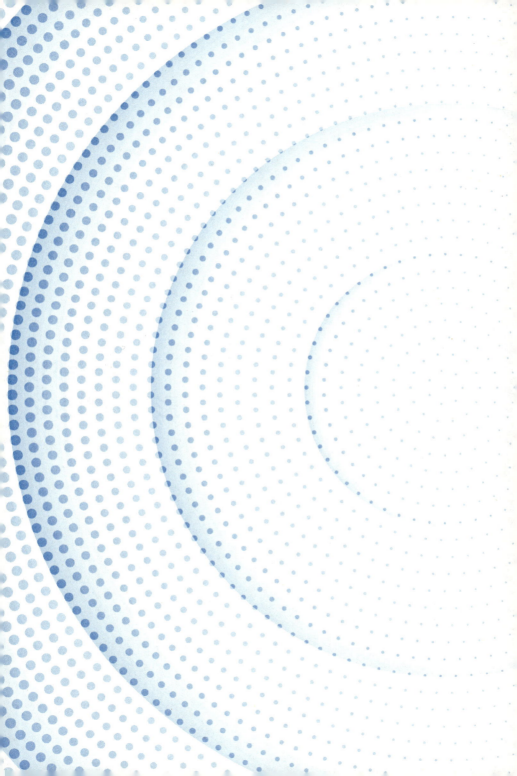

第一章
什么是影响力
CHAPTER1

客服总监康苏埃拉（Consuela）遇到了棘手问题——工作量与日俱增，公司却有两个职位空缺。人手严重不足，工作加班加点。别无他法，她只能将工作交付日期延后。因为公司正处于成长期，不断推出新产品，为新的行业提供服务，但业务扩张的同时也带来了新的挑战，包括产品质量、物流、客户需求等，这都给她的团队增加了工作量。康苏埃拉担心团队能否在完成各项任务的同时保证工作质量，尤其让她担心的是可能随之增加的压力。

为了帮助自己的团队，康苏埃拉先进行了一些简单的尝试，比如在工作任务较轻的团队成员之间重新分配项目。但这些还不够，公司其他部门还在继续给客户制造麻烦，康苏

埃拉需要说服其他部门主管采取行动。客户的问题源源不断，她的团队没法一一满足所有需求。康苏埃拉明白，团队成员缺乏足够的信息和培训，但她还是希望团队成员保持专注，坚守岗位，即便是在最忙乱的日子也要坚持下去。

康苏埃拉无计可施了，这个问题不是单凭自己的力量就能解决的，她决定去问问塔妮莎的意见。塔妮莎是康苏埃拉的同事兼密友，在人才发展部工作。

塔妮莎看出，为迅速减轻团队压力，康苏埃拉倾向于短期解决方案。然而，这个问题不一定能通过短期方案得到解决。塔妮莎需要让康苏埃拉明白，解决这个问题要花时间，特别是需要花时间说服其他部门主管与康苏埃拉合作。大多数人都认为康苏埃拉的问题在于人员配备，和组织架构无关。康苏埃拉则需要改变他们的看法。

为解决康苏埃拉的困境，影响力如何发挥作用？

◎ 实践中的影响力

什么是影响力？《韦氏词典》对影响力的定义是："不需要明显强迫或直接命令他人，就能够产生效果的行为或力量。"当你施加影响时，就是在有效地表达你的想法和观点，从而引导他人的行动、行为、观点或信仰，达到与你互利的结果。虽然施加影响的意图是让他人有所行动，但影响本身也蕴含着力量。请谨慎负责地使用影响力，不要以为你单枪匹马就没办法改变他人，你具备这个能力，而且你能够做到。问题是：你会成为一个有多大影响力的人？

吉米·纳尔逊（Jimmy Nelson）在一家跨国公司负责企业发展和培训工作，他将影响力定义为："激励或推动他人朝着一个积极的方向前进的能力，并且你认为这个方向对彼此来说都有好处。这需要建立在你与他人关系良好的基础之上，让他们信任你，知道你会帮助他们，而且不会向他们索取任何回报。"

成为一个有影响力的人，不在于如何推进一项议程，更多的是关于你如何生活，如何为周围的人提供附加值。产生影响需要一定的时间，施加影响并不总是一种有意而为之的主动行为，人们在你身上观察到了什么，反过来也会深深地影响他们。根据目标需要，如果有意识地去影响他人，你可能需要使用一些策略，比如说服或者谈判的策略。这种策略是你为了达到预期目标而采用的工具、方法或手段。

只有当别人曾和你打过交道，并且认为你的意图值得尊敬时，使用以上策略才会有效。因此可见，影响力产生的过程，远比使用策略要复杂得多。

◎ 影响力：持续的需求

你是否遇到过和康苏埃拉或塔妮莎一样的问题？对于影响力的需求，虽然不一定大，但每天都会出现。每一天，你从早到晚都在受别人影响，同时你也经常试图影响别人。

来看看你一天的生活吧。早上起床之前，当天的日程安排影响你决定是否再多睡一会儿。如果你有孩子，你要说服他们，时间到了该起床了。你打开收音机或电视机，收听或观看新闻节目。新闻报道影响你对自己生活的社区乃至整个世界的看法。节目当中插播了一条广告，试图影响你的购买决定。广告里有款不错的新跑车，或者你家中添丁，广告里正好有辆车更适合你现在的家庭需求，让你想去经销商那里看看。还有热门餐厅的广告，吸引你在上班的路上经过时进去买份早餐。

你按老习惯去了星巴克。在排队等待点餐的时候，旁边一位女士已经拿到了她的咖啡，正在品尝。你问这位女士："你喝的是哪款咖啡？""奶油拿铁。"她回答。"真香啊！"你说。到你的时候，你也点了杯奶油拿铁。到了公司，一位同事提醒你有个会议需要参加，但这个会议原本并不在你当天的日程表上。同事简要介绍了会议议题后，你发觉自己确实需要去开这个会。你还参加了一场线上午餐会，主讲人在会上提出了一些新的想法和战略，你思考着怎样让这些战略为自己的团队所用。

下一项工作是信息收集访谈，目的是解决一位内部客户的问题。你请团队中的数据分析师帮忙收集另一个项目的数据，然后根据手头的资料做出决策。你打算下班后和同事一起吃晚餐，但去哪家餐厅，你们仍犹豫不决，一位同事强烈推荐曾去过的一家餐厅，你们最终决定就在那里见面。

晚饭后回到家中，你 10 岁的女儿还没吃完她的晚饭，她说什么都不肯吃蔬菜。水槽里的餐具还没清洗，你十几岁的儿子正一边埋头做功课，一边对你说他可没时间洗碗。狗狗守在门口等你带它出去散步。唉，忙完这一切终于能上床睡觉了，你打算把周末那部电影的结尾看完。在调出那部片子的过程中，另一部电影的片花吸引了你的注意力，结果你

把另外那部片子给看了。

虽然你可能并未在意，但在这一天之中，你受到了各种影响，并且有大量机会去影响别人。所有这些事件都会影响你的想法、决定以及行动——其中有些正合你意，有些你日后可能会后悔。

在《推销即人性：关于影响他人的惊人真相》（*To Sell Is Human: The Surprising Truth About Moving Others*）一书中，作者丹尼尔·H. 平克（Daniel H. Pink）做了一项调查——"你在工作中做了什么"，并得出如下结论："人们现在将大约 40% 的工作时间花在非售卖性销售上，即人们不是要卖东西，而是要劝说、影响和说服他人。"并且"认为这部分工作对他们的职业成功至关重要"。

因此，提升影响力肯定是你想要掌握的技能。

◎ 关于影响力的个人经验

在回顾自己以往的经历时，想一下，你之所以成为现在的样子，受到的最大影响是什么，在你的人生道路上留下了怎样的印记？

生活圈子的影响

在成长过程中对你影响最大的人当然是你的父母，也有可能是其他相关人士，包括学校老师和职场导师等。这些榜样给你留下了美好的记忆，他们的性格和价值观对你的影响非常大。

我还记得那位鼓励我和班上一些女生在高中阶段就学习高等数学和会计课程的老师。这让在我进入伯里亚学院主修商科之前，就已经为大学数学的学习做好了准备。我之后在商业生涯中所获得的成功也得益于此。

生活圈子之外的影响

历史和当代的杰出人物往往能对我们的生活产生影响，比如亚伯拉罕·林肯（Abraham Lincoln）、圣雄甘地（Mahatma Gandhi）、居里夫人（Marie Curie）、马丁·路德·金（Martin Luther King, Jr.）和纳尔逊·曼德拉（Nelson Mandala）等。他们毕生从事的事业给社会带来了翻天覆地的变化，在很多地方他们都是文化偶像。

他们的勇气让我们相信一切皆有可能，激励我们捍卫

或支持对自己意义重大的事业，不管此事是大到关乎国家利益，还是只对自己生活的社群有影响。在非营利组织做志愿者是一种理想的回馈方式，可以将影响力扩展到与你直接相关的圈子之外。

变不可见为可见

除了受他人的影响，我们还深受文化、习俗、法律、法规、政策，甚至自己的偏见和成见的影响。以上每一个因素的形成都受信念的影响，反过来又会影响我们的行为。你在一种文化背景中成长，会有人教你遵守相应的规范。你在工作中加入各种企业，会发现每个企业都有自己独特的文化、政策和实践规范，要求你和他们保持一致。

在我工作过的企业中，其中有一个奉行的核心价值是："玩得开心。"该企业致力于成为一个高绩效的企业，但同时也认为营造一个员工喜欢的工作环境同样重要。员工在工作时做什么，员工之间如何互动，都深受这种价值观的影响。

正如你在生活中会受别人影响一样，你的影响力也能改变别人的看法或行为。你可能并没有意识到你对别人的影响，但要知道，别人也在观察你，从你的言谈举止中接收讯息。

请思考

回顾自己的人生，你之所以成为现在的样子，什么人、什么事对你的影响最大？

◎ 你是"影响者"还是"有影响力的人"

根据自己在影响力方面的经验，你可能对这个问题的答案已经有一些直观感受了。"影响者"通常在心中有明确的目标，知道自己想要什么结果，擅长让别人顺着自己的思路想问题，或让别人按自己的想法做事。"影响者"不一定指的是某个人，各种品牌试图吸引消费者购买它们的产品和服务，其中，许多品牌都会利用社交媒体影响者来达到这一目的。这种相对较新的现象已经发展成为一个价值数十亿美元的产业，规模随着使用社交媒体的人越来越多而继续扩大。《业内人士》（*Business Insider*）上有篇报道这样写道："电子商务和社交媒体融合，影响者将成为越来越重要的媒介，以高度共鸣、真实感强的方式在社交媒体上将品牌与消费者联系起来，带来立竿见影的回报。"社交媒体影响者向人们推荐产品，展示他们通过使用所代言的产品享受到的

生活方式，从而影响人们的行为和购买决定。社交媒体影响者通常都有名人光环，所以人们倾向于相信他们的判断，并将他们的专业背景与推荐的产品联系起来。

此外，我们在内心可能也渴望与那些让自己看起来受欢迎或很成功的产品联系起来。

有些情况下，每个人都是影响者。你可能需要在很短的时间内说服别人，可能需要为某事做出决定或采取行动。你试着使用一种让自己最有可能达成目标的方法，例如，用员工反馈的数据为你关于新绩效管理流程的提案提供支持，然后找到和决策者关系更为亲近的人，为你的提案美言几句。这些都是常见的可行性较高的方法。

提到有影响力的人，我们通常想到的都是自己心中敬仰的人，一般是可供我们学习的榜样，比如曾经的导师、真正关心我们能否成功的经理，或者公司里受人尊重、为全体员工谋求最大利益的人。你可能一开始对他们不够了解，但随着时间的推移，就会发现他们值得信赖。

如果人们觉得你是一个有影响力的人，就会高度重视你的意见，这就具备了我们之前讨论过的信任基础，这样你就不必过多使用影响力策略了。在上述关于新绩效管理流程提案的例子中，决策者可能过去和你一起工作过，你在别人心目中一直都是一个知识丰富、尽心尽力为企业发展而工作的人，你的名声与企业的价值观和工作重点相一致。因此，你的可靠度就不需要过多地依赖他人证明了。随着你投入时间和精力去为他人增值，你对别人影响力的有效度也提升了。

罗伯特·K. 巴格斯（Robert K.Baggs）在《影响者不等于有影响力的人》（*Being an Influencer and Being Influential Are Not the Same Thing*）中写道："影响者和有影响力的人，从表面上看，他们的成功可能惊人地相似，但揭开表层往里看，前者空空如也，后者才深不可测。"有影响力的人希望有所作为，与人分享自己的知识和爱好。巴格斯说，如果你想在职业生涯中获得成功，"不要沉迷于追求影响者这个称号，而要让本地甚至全球社群都认可你的价值，直接产生影响力"。

◎ 总结

你能成为怎样的人是在生活中受到各方面影响的结果——身边的人、成长环境、目前的生活和工作环境，都对你产生了影响。同时，无论是否有意为之，你都会影响别人。这里需要考虑的一个关键问题是：你是个"影响者"，还是个"有影响力的人"？你可能使用某种策略让别人相信某事或采取某种行动，而影响力远不止这些，你需要为身边的人增加价值，建立信任基础，只有当人们认为你是一个有影响力的人时，你才能产生更大的影响力。请继续阅读本书，了解为什么影响力和影响者的这种差别对你能否成功如此重要。

影响力为什么重要

CHAPTER 2

在人才发展部同事塔妮莎的建议下，客户服务经理康苏埃拉决定找供应链主管丹尼尔（Daniel）谈谈。康苏埃拉把相关数据拿给丹尼尔看——关于产品供应、产品交付和产品质量的电话、电子邮件以及线上留言与日俱增，让她的团队应接不暇。丹尼尔对此并不认同，反而认为康苏埃拉是在推卸责任，他建议康苏埃拉应该更好地管理自己的团队，改进工作流程。丹尼尔认为客户需求的增长是正常的销售增长带来的，是新客户容易产生的常规性问题。两个人之间的讨论变得剑拔弩张，直到会议结束都没有解决任何问题，也没有约定再次见面的时间。

康苏埃拉越来越沮丧。丹尼尔怎么会不觉得这是个问题呢？要想说服丹尼尔，让他意识到必须采取行动，她还能做些什么？面对如此巨大的工作量，康苏埃拉的团队无力再继续应对，她也没有足够的预算来增加人手——况且，增加人手并不能真正解决这个问题。如果这种情况持续下去，客户也终将失去耐心。

康苏埃拉把丹尼尔的反应告诉塔妮莎，塔妮莎意识到这下自己有事干了。为了确认使用哪种方法最适合，塔妮莎需要观察康苏埃拉和客户服务团队的工作，并想办法怎么利用自己多年来与丹尼尔之间建立的牢固工作关系。这个时候可能发生的最糟糕的状况就是，康苏埃拉在最需要盟友的时候反而疏远了他们。

◎ 影响力：不可或缺的软技能

随着越来越多的工作需要通过团队合作和项目管理才能完成，企业管理变得更加扁平化，在这种环境中，影响力越发成为一项关键技能。无论这些人是否在你的直接管辖范围之内，能够让他们朝着一个共同的目标前进，对于能否完成工作至关重要。乔斯琳·戴维斯（Jocelyn Davis）在其著作

《安静影响的艺术》（*The Art of Quiet Influence*）中，将影响力描述为："在不依赖个人权威的情况下，参与并指导他人进行协作的能力。"书中认为以这种方式施加影响最为有效。

影响力作为一项软技能，应用在工作中好处众多，但也很微妙。首先请自问：影响力能让团队更有效地合作吗？能让与会者认真聆听你的发言吗？如果你是一位管理者，影响力能让人们更加感激你吗？以上所有问题的答案都是肯定的。

你可能已经知道，员工虽然向你汇报工作，但他们并不希望被从头管到脚，总是被告知要做什么、什么时间做以及如何去做。有时人们即便内心对某事并不认同，但也有可能按要求完成交代给他们的工作。然而，除非能让员工心甘情愿地投入工作，否则就无法获得他们能贡献的最大价值。如何才能做到这一点呢？当你有机会与别人深入交往时，了解他们关心什么、信仰什么，找出你们之间的关联，并表现出对他们的重视。

作为一名人才发展专业人士，你在工作中通常需要对企业内各个级别的专业人士施加影响力，但你并没有让他们直接服从于你的权威。"我在自己职业生涯早期就已经意识到，作为一名学习型领导者，我无法为公司赚钱，而我能对公司业务结果产生影响的唯一途径，就是施加影响力。"沙泉银行副总裁兼人才发展总监桑迪·马克西（Sandi Maxey）解释道，"我不负责生产任何有销售价值的东西，所以我能发挥影响的唯一途径就是施加影响力。就比如我们本身并不创作音乐，只是引导别人创作音乐。"桑迪的话对人才发展专业人士是一个强有力的提醒。你能产生的直接影响通常在很大程度上取决于你是怎样影响他人的。

◎ 关于影响力和说服力的科学

几十年来，社会科学家一直在研究，在生活中的许多社会领域，人们是如何互动、如何使用影响力和说服力的。领导力专家克劳迪奥·费瑟（Claudio Feser）在其著作《当执行力不够时：解码励志领导力》（*When Execution Isn't Enough: Decoding Inspirational Leadership*）中，探讨了关于影响力的 9 种策略。

费瑟将其中 3 种策略称为"硬策略"，这些策略主要聚焦于影响者本身。

● **提要求。**通过使用职位权力，自信而果断地指导他人行动，从而影响他人。"提要求"需要影响者提醒人们，并后续跟进，以确保人们顺从，这反映了费瑟所指的"指挥与控制"领导力。

- **合法化**。通过遵守执行公司的官方政策或官方程序，建立权威或信誉，从而影响他人。

- **建同盟**。在人际关系网络中建立支持同盟，并将支持者的名字告知那些你希望影响的人，让那些人心中有所触动，觉得既然其他人已经同意了你的要求或想法，所以他们也应该同意。

剩下的 6 种策略，费瑟将其称为"软策略"，使用时会从关注影响者的动机，转为关注被影响者的想法和动机。

- **理性说服**。使用数据、事实和基本原理证明立场的正当性，证明某个人的观点是有意义的。

- **社交活动**。表现出对他人的强烈兴趣，态度友好，与他人建立融洽的关系，让自己变得更加讨人喜欢。

- **个人魅力**。基于他人与你之间的友谊、忠诚和信任关系，寻求他们的支持来影响他人。

- **交换**。向他人提供他们所需要的物品或帮助，让他们觉得有必要回报你。这是基于互惠的理念，你最终可以通过妥协来创造双赢的局面。

- **咨询**。让他人参与提建议，并根据他人的建议制订行动方案。这是参与式领导力的一种形式。

- **鼓动人心**。通过诉诸他人的价值观、理想和情绪来影响他人。这是鼓动人心式领导力的一种形式。

费瑟发现理性说服是人们最常使用的影响力方法。费瑟表示，提要求、建同盟和合法化这种强硬的领导方式，虽然能让人们高度顺从，但却很少或无法从根本上让人们真正行动起来。在这个复杂多变的时代，人们最需要的是能够鼓动人心的领导力。

社会科学家、影响力和说服力专家罗伯特·西奥迪尼（Robert Cialdini）在他的经典著作《影响力：说服心理学》（*Influence: The Psychology of Persuasion*）中，介绍了关于说服力的 6 个原理。西奥迪尼研究了利用人们的顺从心理来工作的人（比如销售人员、募资人员、招聘人员和广告商），发现人们用来影响他人的各种方法，可归入 6 个基本类别，他称为"关于说服力的 6 个原理"。

- **喜好**。如果人们觉得你喜欢他们，或者你们之间有共同点，他们就会喜欢你，就更倾向于答应你的要求。

- **互惠**。人们在接受帮助之后会给出相应回报。你帮助了别人，别人也会帮助你。你以哪种方式（比如合作）做事，别人也会以这种方式回应你。

- **社会认同**。人们如果看到其他人在做某事，他们也可能会去做，尤其当其他人与他们有相似之处时。

- **承诺和一致**。人们希望能够保持一致性，或者至少表面看起来如此。如果他们公开做了自愿性承诺，就会努力坚持到底。

- **权威**。人们会听从专家和权威人士的意见，但往往低估了自己的这种倾向。

- **稀缺**。如果人们觉得一样事物稀有罕见，就会更重视它。

西奥迪尼解释说："每个类别都受基本心理学原理的支配，正是这些原理在指导着人类的行为，这些策略也因此得以发挥效力。"西奥迪尼也因此发现，在不同的文化和场景下，这6种方法具有普遍适用性。我们可以通过学习来掌握这些方法，确定在什么情况下可以使用哪种方法。在他的另一本著作《先发影响力：一种革命性的影响和说服方式》（*Pre-Suasion: A Revolutionary Way to Influence and Persuade*）中，西奥迪尼进一步研究了注意力和联想等变量是如何为

"特权时刻"创造条件的。所谓"特权时刻"，西奥迪尼的解释是"人们特别容易接受沟通者在特定时间点所传递的信息"。举个例子，在一些简单的互动中，比如向经理寻求建议或请同事提供帮助，如果你了解这些场景下"先发影响力"的相关要素，就能在沟通中占据上风。

从这些研究中我们可以看到，在试图影响他人时，有各种方法可供你使用。在选择使用哪种方法时，要考虑的因素包括：情况背景、参与人员、人际关系，以及要实现的目标等。

社会心理学家安德鲁·卢特雷尔（Andrew Luttrell）从当前关于大脑研究角度提出的见解，有助于解释为什么我们会对接收到的不同信息存在偏爱，为什么我们可能更容易接受西奥迪尼的信息。研究发现，当人们关注自我时，大脑的腹内侧前额叶皮层会发生作用，这对说服力很重要。卢特雷尔表示："我们早就知道，当发言者根据听众的特点定制符合听众价值观的信息时，他们就能产生更大的影响力。现在有新的证据表明，这是因为量身定制的信息激活了听众大脑中用于自我关注的区域，据我们所知，该区域同样具有增强说服力的作用。"

因此，在施加影响力时，使用什么方法关系重大。价值观是影响力产生过程中固有的一部分，这让我们关注其中的伦理问题。人与人之间关系怎样，以及各方对维持这种关系的意愿如何，都会对所采用的提升影响力方法产生影响。

你倾向于使用什么样的提升影响力方法？有没有一种方法比其他方法更有效？你为什么这么认为？

◎ 关于影响力的伦理问题

我观察到一家大型消费品公司的领导在办公室里与员工进行互动的情景。她知道许多员工的名字，会停下脚步问候员工的家人，或者和员工聊聊他们最近去哪里度假了。人们之所以被她吸引，是因为她投入时间和精力与人们建立了真正的联系。她通过证明自己即使在最艰难的情况下也怀有无私的动机，与人们建立了很强的信任感。换句话说，她是一位伦理型影响者。

什么是伦理？伦理与影响力有什么关系？卢特雷尔认为：

　　伦理是指导一个人一生中的选择和行为的道德准则。道德准则的概念不仅限于个体，还包括对于一个社群或整个社会来说，什么是对的，什么是错的。伦理考虑的问题包括权利、责任、语言使用、遵守道德规则的生活意味着什么，以及人们如何做出合乎道德的决定等。

　　个人道德从人们自身的价值观和周边环境中产生，它的功能就像 GPS（全球定位系统），有意无意地影响着你的思想、观点、决定、言语、行为和行动。你所遵守的道德规范，对你成为什么样的人、你能代表什么，起着基础性的作用，影响你与他人的日常互动和你的名声。

　　伦理对于建立影响力至关重要。你不仅要考虑在自己眼中什么是合乎道德的，还要考虑你想要影响的人怎么看待道德规范，以及你是在一个什么样的文化和环境中进行运作。比如，你的个人道德观可能包括正直、忠诚、平等、公平、同情和尊重，其中的每一项都代表了一种对道德影响至关重要的品质。

　　西奥迪尼提醒人们，千万不要滥用他所提供的说服力方法，他强调要充分利用可以和他人增进关系的机会，在合乎道德的基础上使用这些方法，才能发挥更大的影响力。西奥迪尼还警告说，随着"现代生活节奏不断加快和信息挤压"，人们更愿意对某些事物不加思考就受其影响，随波逐流，西奥迪尼称之为"无脑顺从"的一种表现形式。因此，我们每个人在如何使用影响力方面都需要承担责任，不要利用受我们影响的人，而要让他们在了解情况后自愿接受。

你施加影响力的动机直接体现了你的道德准则。你想要达到的结果对别人有益还是有害？仅仅是为了实现个人利益，还是也能改善其他人的生活？

◎ 你用什么方法产生影响力

人们对事物的了解程度决定了影响力产生过程的演变。影响力不应是单方面的主张，而应是思想和观点在得到反映和验证后进行碰撞交流，然后在此基础上做出决定。在数字化转型之前，信息主要掌握在施加影响力的一方手里。例如，当你去买相机时，销售人员掌握了他们在商店出售的品牌和产品的大部分信息。你只有多逛一些商店，才能了解到更多的产品信息。而在当今的环境中，信息唾手可得，可供选择的商家也更多，买方在此过程中获得了更大的议价权，通过信息限制产生影响力的时代即将结束。

在给定的情况下，你可以使用各种方法来产生影响力。作为人才发展专业人士，你的目标是产生更深远、更持久的影响力，你的目的是激励人们积极投入，而不是误导或强迫他人顺从。要产生影响力，你需要投入时间和精力为自己建立起值得他人信赖的名声。

◎ 总结

想要在不断发展变化的职场上获得成功，影响力起着至关重要的作用。在试图影响他人时，人们经常会使用一些策略，其中最常见的策略在本质上都是进行说服。鉴于影响力可能产生的潜在影响，你必须考虑使用的方法是否合乎道德。作为一个有影响力的人，你的意图应该是利用产生影响力的机会来增进与他人之间的关系，实现互惠互利的结果。以此意图作为引导你前行的北极星，能帮你绕开影响力之路上的障碍，这些我们将在本书第三章中进一步讨论。

第三章
影响力的障碍
CHAPTER3

　　客户服务团队的士气空前低落，累积了成堆的工作，连续不断的客户沟通需求让团队成员倍感沮丧，康苏埃拉担心再这样继续下去，团队成员就不会再把她当成盟友了。团队中有几个人已经为公司工作多年，与许多客户建立了联系。虽然康苏埃拉珍视下属的工作经验和他们对客户服务工作的热情，但很难说服其他主管理解她在运营方面遇到的问题，更不用提团队人手不足的问题了。

　　康苏埃拉锲而不舍，每天给供应链经理丹尼尔发送客户服务工作量和问题报告，丹尼尔终于派了一名实习生过来配合康苏埃拉的工作。虽然这并不如康苏埃拉所愿，但至少多了一名员工。然而，在完成了一些分析工作之后，丹尼尔派

来的实习生就没有权限或资源处理更多问题了，一切又得从头开始。

当康苏埃拉与塔妮莎碰面时，塔尼沙作为学习与发展项目负责人，很快就意识到了康苏埃拉在其中所犯的一些错误。这些错误塔尼沙都亲身经历过。

◎ 破坏影响力的 3 个错误

与康苏埃拉遇到的情况一样，我培训课程的客户在试图让别人认同他们的观点或议程时，经常会犯以下 3 个常见错误。他们很快就会意识到，这些错误的思维方式和方法非但不能增强他们的影响力，反而会造成阻碍。

1. **误把操纵当影响**。这些人以为必须操纵别人，才能让别人站在自己的立场上，他们将影响力视为非赢即输的交易。其实这只会让别人更快地站到你的对立面，人们被出卖时便能看得出来。

2. **认为影响力能产生立竿见影的效果**。还有一些人认为影响力就像速溶咖啡，加水搅拌即可。他们觉得只要站在别人面前讲清自己的诉求，或者表现强硬一点就可以。殊不知，任何由此产生的影响都只是流于表面。

3.**把影响力当成交易**。有些人对待影响力就像他们正在完成一项交易，一旦东西卖出去了，他们的任务就算完成了。

你掉进过这些陷阱里吗？如果答案是肯定的，这又给你带来了怎样的后果？

让我们对这些错误做进一步探讨。

◎ 误把操纵当影响

在我刚开始从事人才发展工作没多久，接到了一个电话，对方自诩为营销专家。他打来得正是时候，我当时急需关于怎样更好地开展工作的建议。他问我目前的营销方法遇到了哪些挑战和挫折，说他的策略能解决我所有的问题。他告诉我如何加入他的项目，并让我"当天"就做出决定，这样才能拿到最大的优惠额度。我上钩了，给了他我的信用卡号码，并付了款。开始合作后，最初的几次通话进展都很顺利。但后来他就不怎么接电话了，我很难联系到他。他没有做到答应我的事情，我发现自己被骗了。我感到既愤怒又尴

尬。想要把钱要回来，我必须跑一些政府部门。

虽然这笔钱不算多，但被欺骗的感觉就像吞了一只苍蝇。如果在工作中需要这样做才能影响他人，那我肯定不喜欢这种方式，这不符合我的价值观，违背了我做人的原则。

回忆一下那些有人试图影响或说服你的时刻，哪些最让你难以忘怀？很可能是那些让你感觉被操纵的经历。这时浮现在脑海中的，往往是曾经遇到过的一个咄咄逼人的二手车销售员，或是那些反复打来的烦人的推销电话。更生动的画面是选举季的负面政治广告，当你在收看自己最喜爱的电视节目或浏览网站视频时，这些广告似乎充斥了每个广告时间段。为了赢得你的选票，政客们不惜使用各种负面手段来攻击对手。当然，在工作中，有时也有人试图操纵你，让你支持他们。

在大多数情况下，你感觉自己被迫做出了一个不必要的决定，而且这个决定对你来说并不是最有利的。这些记忆让人产生厌恶、鄙视甚至恶心的感觉。在许多这样的互动中，诚信完全缺失。当处于弱势时，你会感觉自己被利用了，不希望同样的事情再度发生，但它还是避免不了，似乎这就是世界的运作方式。被操纵的经历严重影响了你怎么看待影响力的产生过程，导致你认为想要让内部客户接受你的建议，或者让培训对象采用你提供的策略，你就必须得让他们盲目相信你无所不知，并且能解决他们的所有问题。

有些人认为他们可以使用任何必要的手段来左右他人，将影响力视为一个非赢即输的命题。这其实才是让别人反对你的致命方式，人们在被操纵的时候能够感觉出来。

在你的记忆中，哪些经历不同于被操纵的经历？这让你感觉如何？

别人和你接触后，你希望他们感觉花时间与你见面是值得的，而不是后悔这样做。

◎ 认为影响力能产生立竿见影的效果

如果你是个咖啡爱好者，多半和那些推崇现煮咖啡的人属于同一阵营。为什么类似星巴克咖啡这样的店家深受欢迎？在你进门之前，咖啡师已经在煮新鲜的咖啡了。你渴望喝到一杯最新鲜、最美味的咖啡，你愿意为此买单。速溶咖啡可不能带给你同样的味道，经过加工和冻干，速溶咖啡是为那些只需加水搅拌就能喝上一杯的时候准备的，

味道可以忍受，但无法像现煮咖啡一样满足你的味蕾。

对于一些人来说，影响力就像速溶咖啡，他们认为成功影响别人只需要站在别人面前把事情讲述一遍即可。

广告商花费数百万美元劝说人们购买他们的产品和服务，他们买的是人们的印象。通过一条信息触达的人数，就是他们制造的独特影响。但是广告商知道，如果这条广告你只看到过一次，他们就无法将信息有效地传达给你，也无法打动你购买他们宣传的商品。因此，广告商会花钱反复做广告，给自己制造机会多次出现在你面前，让你记住这条信息，感受到与他们品牌的联系，并最终发现自己有一个需求或欲望，需要用他们的品牌来满足。他们还花时间去了解什么对你有吸引力，什么最能吸引你的注意力，让你产生共鸣。你越觉得他们跟你产生了共鸣，就越有可能购买他们的产品。随着时间的推移，他们对你的影响潜移默化。如果他们的信息打动了你，下一步就轮到你掏腰包了。

当你真的买下了他们的产品时，真正的考验就来了。你的体验如何？他们兑现了在广告中许下的承诺吗？产品是否满足你的期待，或者甚至好过预期？你有意愿再次购买该产品吗？

一旦使用过该品牌的一款产品，你就会决定是否再次购买这款产品，是否尝试他们提供的其他产品或服务。

在我们的职场环境中，影响力发挥作用的方式大致与此相同。别人对你了解越多，与你合作越多，你对他们的影响力可能就越大。人们需要与你反复接触，他们考察的不仅是传递出来的信息，还包括信息传递者本身。人们对你了解多少？觉得你这个人怎么样？值得信赖吗？

◎ 把影响力当作交易

有些人把影响力当作交易，一旦成交，工作就算是完成了，有一个明确的终点，就像完成一笔销售一样，交易完成，继续前行。举个例子，你去买新车，经过一番讨价还价，终于和销售人员确定好了具体的型号和销售条款，买卖双方达成一致！接下来就是你把车开回家，销售人员接待下一位顾客。

然而，影响力绝不止一系列的交易那么简单。例如，在工作中，你与同事之间有许多看似无关紧要的互动。你可能对某位同事格外友好，以便在需要技术支持时先于别人得到帮助。你组织了一个引人入胜且富有成效的研讨会，大受好评，但会后你没有时间处理参会者提出的其他问题。你可能没有意识到，虽然最初的"交易"已经完成，但影响力的持续性可能会受到影响。你可能以为自己只要再次施展魅力，就能获得同样的效果，但其实你的影响力不只限于一次技术需求或一场研讨会的召开。影响力需要时间来建立，在你与他人的接触中得到发展，并随着你与他人建立起关系而扩大。

 在这 3 个错误当中，哪一个曾经阻碍过你发挥影响力？

◎ 错误导致的后果

这几个错误都很常见，误导性强，人们很容易犯这样的错误。我们都希望自己不费吹灰之力就能迅速产生影响力，达成目的，然后继续前进。然而，当你只专注于短期收益时，可能就会错过可以给你带来更长期、更丰厚收益的机会。

要当心的是，虽然你可能看起来很成功，但你的影响力可能没有想象中那么有效。这些策略可能会带来暂时性收益，但最终会破坏关系，让别人感到尴尬、沮丧、厌恶，甚至愤怒。

值得冒这个险吗？

◎ 转变看法

要想成为一个有影响力的人，你需要转变关于影响力是什么、影响力如何发挥作用的看法。与其把影响力看作一次性的操纵行为，不如将影响力视为一种生活方式。你通过自己的言行举止有意或无意地影响他人，你的影响力范围比你所意识到的还要广。事实上，我们都在无意中观察和接收彼此的讯息。

应用后面几个章节中介绍的原则，你就能避免这些错误，提高自己的知名度，把影响力与合适的方法相结合，从而实现更有利的结果。

◎ 总结

　　以上 3 个常见错误严重妨碍你成为有影响力的人。操纵他人会让你失去信任，与他人的关系长期受损。试图让影响力立竿见影的做法根基不牢，如同做交易，不真诚。改变你对影响力的看法，和他人保持善意的接触，才能建立信任关系，从而产生更深远的影响力。在第四章中，我介绍了一种不同的方法来帮助你提升影响力。

第二部分
变得有影响力

PART 2

第四章
成为有影响力的人
CHAPTER 4

　　塔妮莎意识到，她需要指导康苏埃拉更好地影响丹尼尔。在此过程中，塔妮莎也需要发挥自身的影响力，这对她来说是项挑战。

　　客户问题涉及多方利益，从最高管理层到一线员工、外部合作伙伴，再到客户本身。塔妮莎记得，当她作为该公司的首位人才发展负责人加入团队时，没有人带她熟悉情况，或者向她传授经验。一张组织结构图无法向她解释清楚那些关系的来龙去脉，也无法告诉她如何融入其中。虽然塔妮莎拥有让人梦寐以求的教练证书和行业经验，但她在进公司的第一年有两次差点儿就辞职了。直到她开始经常去参加新产品午餐学习会，一些同事才知道她叫什么名字、做什么工作。经历了这么多周折才算真正入职，塔妮莎不禁陷入沉思。通过多年努力，塔妮莎在公司里站稳了脚跟。在主持自己的午餐学习会时，塔妮莎还为自己的"产品"——人才，制作了宣传片。塔妮莎凭借自己对产品开发人员和他们工作需求的了解，给参会者留下了深刻的印象。

塔妮莎不希望之前的客户服务问题扩散开来，而她知道这完全是有可能的。塔妮莎打算劝说丹尼尔尽自己之力为公司发挥积极作用，而不仅仅是消极疲惫地应对针对他提出的诸多要求。塔妮莎提醒丹尼尔和康苏埃拉，康苏埃拉的问题不是第一个，也不会是最后一个。这是一个相互关联的世界，随着公司的发展，此类摩擦只会有增无减。等到下一个问题出现时，他们又该如何面对呢？

塔妮莎能够在整个团队内协同工作，已经成为一个有影响力的人。她不仅想帮助康苏埃拉，也想帮助丹尼尔，让他们意识到自己也是有影响力的人，能够利用相互关联原则，扩大他们在各种情境下的影响力。

◎ 影响力在人才发展行业是一项关键技能

人才发展专业人员之所以如此努力地工作，是为了让企业和企业中的专业人员能够成为更好的自己，这就需要发挥影响力的作用。虽然你经常能看出某个人身上有潜力，但那个人也必须能够意识到自己的潜力，才能发挥出来。你可以把所有的策略都告诉他们，让他们知道为什么改变行为方式，或者使用最热门的新工具，就能产生效果。但你没法强迫他们改变自己，也不能替他们做出改变，你最好的出击方式就是影响和启发。

在整个"人才发展能力模型"中，影响力都很重要。请认真参考图 4-1，思考一下在图中列举的每一种能力中，影响力是如何发挥作用的。请记住这些能力，在本章接下来的部分，我们会继续探讨影响力的各个方面。

无论你正处于职业生涯早期，还是已经是一名经验丰富的专业人士，都需要在团队中与人沟通，发挥影响力。同级员工是你最常打交道和发挥影响力的对象，你还需要经常与直接主管互动，有时会再升一级与老板的老板面对面互动，虽然这种情况不常发生。你还会与外部伙伴以及客户开展各种合作项目。

个人提升能力	专业发展能力	组织影响能力
● 沟通	● 学习科学	● 业务洞察力
● 情商与决策	● 教学设计	● 咨询与业务伙伴
● 协作与领导力	● 培训交付与引导	● 组织发展与组织文化
● 文化意识与包容	● 技术应用	● 人才战略与管理
● 项目管理	● 知识管理	● 绩效改进
● 合规与道德行为	● 职业与领导力开发	● 变革管理
● 终身学习	● 教练	● 数据与分析
	● 效果评估	● 未来准备度

图 4-1　人才发展能力模型

　　你在别人眼中是个有影响力的人吗？影响力在你的日常职责中以何种方式发挥作用？我们来看一些例子。

　　你考虑上线一个新的学习管理系统，需要管理团队同意为该项目进行财务投资，并分配相应的资源。

　　随着工作方式突然转为远程办公和虚拟团队（预计未来

还会以此方式大规模持续进行），按需培训、按需开发和资源获取的需求增加了。根据你的分析，现有系统不具备处理技术需求和预期任务量的能力，也未能连接到最近更新的人力资源信息系统的人才管理应用程序。如果公司不转型，部分培训就不能满足监管要求。由于预算有限，还要兼顾到其他部门的优先事项，推进这个项目并不容易。你和一些同事联系，确定新系统将如何支持他们业务领域的重要优先事项。出于对当前业务最佳整体决策的考虑，你提出一些选项供大家考虑。基于你和别人之前通过其他项目合作建立的信任度，人们愿意相信你的判断。

行业中发生的变化将影响公司未来的运营和人才需求。在划定业务范围和制定发展规划过程的初始阶段，人才发展需要发挥关键作用。公司成立了相关工作组，负责了解机会，评估对人才需求的影响，以及公司可采取的应对措施。你自愿加入该工作组，与其他部门合作，你的团队负责评估通过人员再培训和人员招聘来缩小技能差距需要什么条件。时间紧，任务重，团队成员不知疲倦地工作，你要做的是确保他们有机会展示其调查结果和建议。

在你工作的组织中，多样性、公平性和包容性已成为一

项战略重点，在引导实施该战略和影响力可持续性文化变革的工作中，人才发展是必不可少的一部分。你建议使用分析工具来评估公司内多样性、公平性和包容性的目前状况。你知道，不仅仅是数据，还有来自公司各个层面的员工的故事，也将说明员工有怎样的体验和需求。有些人和你一样，对打造更具包容性的公司文化充满热情。如果能够争取到他们的支持和拥护，将有助于事情朝着正确的方向发展。

你的公司正在推行一套全新的会计系统和流程。一些员工已经在公司工作多年，陷入"我们一贯是以这种方式做事"的模式。你需要施加积极影响，让这种文化和行为发生改变。你花时间与一些员工和团队碰面，了解他们担心什么问题，对新系统有什么需求。你邀请各个受影响的团队参与进来，为该项目的评估委员会和实施团队提供意见。

你正在为一线新员工设计新的培训计划，需要从相关领域专家那里收集信息。当员工掌握信息并被视为专家时，会觉得自己拥有权力，不愿分享自己的知识。你怎样做才能改变他们的看法，让他们认识到，分享知识让整个组织变得更好，才是自己真正的力量所在？因为他们很少有机会分享自己的专业知识，所以你会发现当他们获得这样的机会时，却往往无法得到相应的反馈，不知道自己分享后带来了怎样的影响。你要确保关于这个项目的信息共享有一个完整的循环，常被忽视的员工也会因为他们的贡献和价值得到认可。

你正在做客户访谈，希望更多地了解他们的需求，以及公司对他们的服务怎么样。你还访谈了一些直接面向客户的部门员工，以便了解客户反馈的问题的相关背景。作为其他部门的业务伙伴，你在与他们讨论和制定决策的过程中，提出了通过这些访谈获得的洞见。你愿意从业务一线获得第一手信息，你会觉得这些可靠度更高，同时增进了与他人的伙伴关系，增加了你发挥影响力的潜力。

你每天都有大量机会对企业上下各个领域的人员施加影响力，以上所述只是其中的几个例子，在你阅读的过程中，可能还会想到其他的例子。凭借你在人才发展方面的职能，成为一个有影响力的角色需要有一定程度的责任感，你有可能触及他人的内心和企业的灵魂，影响力以及施加影响力的方式很重要，所以你的影响力很重要。

 请思考 你在别人眼中是个值得尊敬的有影响力的人吗？为什么？

◎ 让自己有影响力

刚刚读到的例子都说明你需要人际交往能力、专业知识、业务知识，培养这些能力有助于建立可靠稳固的工作关系，并最终获得影响力。

人际交往能力和影响力

人际交往能力在与他人建立联系、向他人展示价值以及与他人互动方面，发挥着重要的作用，这些都是提升影响力所需的。美国前总统罗斯福有句话很好地说明了人际关系的重要性："人们不在乎你知道多少，直到他们知道你有多在乎。"

维姬（Vicky）是我以前的客户，在公司担任组织发展总监，她认为了解团队上下各个级别的员工很重要。维姬的雇主有几年非常忙碌，他们进行了一次重大的改造，开设了新的工作场所，最让人忙乱的是经历了一场毁灭性的火灾。随着工作量的增加，焦虑和沮丧成了大部分员工的常态。维姬在与他人的交流中，表现出了同理心，这有助于建立信任。在维姬的主导下，公司还成立了员工委员会，致力于制订福利计划，提供支持性服务，帮助公司在个人、团队和企业层面应对挑战。

专业知识和影响力

当能够以一种有助于最大限度提高个人和团队绩效及潜力的方式运用你在技术人才发展方面的知识和技能时，影响力就会得到提升。你是制定人才发展战略的专家，这些战略有助于确保员工有能力实现企业当前的目标。

道格（Doug）是一家地区性金融公司的首席学习官，随着公司的工作安排和流程突然转为远程方式，他发现自己需要重新评估公司刚刚开始推行的人才管理流程。他将团队召集在一起，并与一些合作紧密的同事联系，评估了需求的变化情况，探索解决方案。团队合作方式、工作流程和员工的期望，在未来几个月还会继续发展变化。当发现他们不必完全推翻目前的计划时，道格松了一口气，但还是建议立即开展一些有益的调整。员工担心管理者在如此不确定的环境中，不能很好地指导、支持和发展团队。做了这些调整之后，管理者就能减轻员工对企业的这种担忧了。

业务知识和影响力

业务层面的影响力侧重于获取所需的知识、技能和能力，以确保人才发展在战略上占据一席之地，并成为实现业务成果的合作伙伴。你对行业和业务运作方式的了解，以及你对业务动态的见解，都能增强你发挥影响力和感知价值的潜力。你可以将人才发展计划与业务优先事项结合起来，积极主动地为未来的组织做好准备，更有效地影响运营结果。

当丽塔（Rita）在新公司开展人才发展工作时，她知道自己必须迅速熟悉工作，才能被其他员工看作是业务伙伴，而不是一个局外人。医疗领域有很多缩略词和技术术语需要学习，丽塔约见了各个部门的人员，参加了很多会议，并参加了一切能参加的技术类培训，以便尽可能地学习一切。丽塔的付出获得了回报，她能够帮助企业制定战略，还可以用专业术语和员工沟通。在这个过程中，丽塔还发现了重要的业务指标，并能够将这些指标与人才发展相结合，以展示业务影响力。她成功地引起了别人的注意。

在上述每一种情况下，这些专业人士都能够提升他们的影响力和影响水平。影响力不仅仅是一种技能，它还能帮助你成为一名备受重视的人才发展专业人士和领导者。

 你认为自己在以下哪个领域的能力最强：人际交往能力、专业知识，还是业务知识？

◎ 影响力：推动者

作为支持性部门的员工，人才发展专业人士经常面临的局面是，需要在没有实权的情况下施加影响力。你需要用影响力来提高工作效能。如何去做才能获得完成工作所需要的影响力？

乔纳森·索斯盖特（Jonathan Southgate）是一名课程设计师和学习项目经理，他认为人们已经具备了产生更大影响力的 3 个优势，如下所示：

- **信息力。**利用数据创作有说服力的故事。
- **专家力。**利用自身价值用自己的专业知识解决业务问题。

- **参考力**。深入了解客户的动机和需求。

这些优势均用到了上一节中所讲的增强影响力的方法，关键是要认识到这些优势的存在，并学会如何战略性地利用它们来增加更多价值。

当你将这些能力与后面几个章节中介绍的影响力原则结合起来时，你的整体影响力有望大幅提升。

◎ 介绍 SCALE 影响力原则

本书中介绍的影响力原则更像是一种价值体系，人们在生活中都应该遵照这些原则，规范自己的行为，SCALE 框架下的 5 个影响力原则，既可以用于自身发展，也可以用来帮助团队人员提高影响力。

除了选择合适的工具，使用以下 5 个强大的核心关系原则，从而提升你影响力效能，让这些原则成为你和工作的一部分。其原则如下：

- S：**社会资本**。在同理心、真正关心、尊重和信任的基础上建立互利、无私的关系，社会资本是你在这方面进行持续投资所获得的红利。

- C：**勇气**。面对不确定性，愿意上前一步，即使前方的道路充满了问题而非答案。

- A：**真实性**。根据自己的价值观和原则，你在与他人的互动中有自知之明、做事认真、行为一致。

- L：**热情投入**。你投身于一个有意义的目标上，这个目标会激励你尽自己最大的努力。

- E：**参与多元和包容的职场社群**。你接纳每个人的独特性，参与有包容性的职场社群。

在接下来的每一章中，我将对这些影响力原则展开深入探究。我会介绍每个原则的特点，指导你逐步增强自己的影响力。事不宜迟，今天就开始行动吧。

你准备好了吗？

◎ 总结

影响力需要建立在以下能力的基础上：人际交往能力（与他人互动、让他人参与的能力）；专业知识（掌握和运用与技术相关的知识和技能）；业务知识（商业敏锐度和应用）。将以上能力与 5 个影响力原则（社会资本、勇气、真实性、热情投入、参与多元和包容的职场社群）相结合，有助于增强你的影响力。具体怎么做，请从第五章开始学习。

第五章
社会资本
CHAPTER5

在一个阳光明媚的早晨，塔妮莎和康苏埃拉离开办公室，走出大楼，沿街走到一家咖啡店。这家咖啡店是新开的，还没有多少人知道，而且在上午 10 点钟，不太可能遇到同事。

康苏埃拉选了靠里面的一个卡座。吧台后面的男子正在打电话，他示意塔妮莎拿柜台上的咖啡壶自助倒咖啡。

"这家店有些老派啊。"塔妮莎端着两杯咖啡过来坐下，说道，"难以想象他们能靠卖咖啡赚到钱。"

"是甜甜圈。"康苏埃拉像在透露内幕信息一样，神秘兮兮地说，"我女儿很喜欢他们的产品，以前他们只在网上卖自制甜点，而且每天的点心单都不一样，这是他们第一个线

下实体店。"

"真的吗？那我们可不能只喝咖啡啊！"塔妮莎从软座上起身，向柜台后的男子招呼道，"来两份好吃的点心，随便什么都行。"

那人已经挂掉电话了，笑道："点心上面要撒些什么吗？"

取来食物后，塔妮莎劝说康苏埃拉在工作上后退一步，深呼吸，重新调整方法，让丹尼尔认识到客户服务目前所处的困境。

塔妮莎能够利用她与康苏埃拉之间的社会资本说服康苏埃拉放慢脚步，重新思考整个过程。塔妮莎在公司工作的6年中，她们两人经常合作，康苏埃拉的团队在人才发展方面有各种需求，包括人员招聘、培训、发展，以及管理方式更新等，两个人之间的合作很顺利。

康苏埃拉明白，她必须考虑到丹尼尔也有需要优先处理的问题，而不应该把一堆新问题一股脑地丢给丹尼尔，他们是同一个战壕里的战友，她要让丹尼尔明白她的真实意图。

◎ 社会资本为什么对影响力很重要

社会资本是你在培育相互的、无私的关系中进行持续投资所获得的全部红利，它建立在同理心、真诚关怀、尊重和信任的基础上。社会资本是一种关系资产，你从这种有意打造的关系中建立起了信誉，当你需要帮助或支持时，就能派上用场了。社会资本表明我们在社交银行账户里有一定的储蓄。

社交银行账户的工作原理很像金融银行账户。例如，我的孩子们小时候认为，我们可以"直接去取款机"把钱取出来给他们买任何想要的东西，瓦莱丽（Valerie）阿姨会带他们去"一元店"，他们称为"钱钱店"，这些对他们来说，钱就像长在树上的果子，可以随时要多少摘多少。而作为成年人，我们知道取出来的都是自己存进去的钱。对于储蓄或投资账户来说，存入的资金越多，利率越高，随着时间的推移，你的投资就会获得越高的回报。

社会资本的运作方式与此大致相同。你投资一段关系，希望这段关系以后会有进展，就相当于向关系银行账户存款，然后等待这些存款增值。如果你在一段关系中的投资只是为了得到即时回报，那么你的这段关系就会显得交易性太强，这会降低关系的价值。有社会资本的关系才会有更深的关系价值，但如果你不注意对关系进行投资，关系就会随着时间的推移而贬值。

在积累社会资本的过程中，信任度不断增加。你和一个人之前打过交道，就更容易看出他们现在的意图。在一段关系中拥有这种筹码，你产生影响力的可能性就变大了。

人才培训和发展专家艾米·希利迪（Amy Shilliday）在接受写作本书的作者采访时表示："当别人表达自己的意见或观点时，你表现出对他们的尊重，而不是随便批评或贬低他们，你的影响力就产生了。坐下来好好聊聊，就这么简单。"

◎ 社会资本的特征

积极投资与他人建立真正的人际关系，社会资本就会产生。社会资本有哪些主要特征？价值、无私、相互尊重和信任、耐性，都包括在其中，让我们逐一进行探讨。

价值

我和一位同事是路易斯威尔大学商学院项目管理课程的兼职教授。这门课程我已经教了好几个学期，而我的同事在新冠疫情期间开始准备第一个学期的教学。我们的任务是把以前完全面对面进行的授课，调整为混合方式教学，也就是说，学生可以选择亲自到教室上课或在线上上课。这门课互动性和实践性都很强，包括很多小组工作，我们需要做大量的工作来改变之前的教学方法。我们从我之前上课使用的材料开始着手，在责任心的驱动下，利用各自在该领域的多年工作经验进行合作，在学期开始之前就见了好几次面，开学后也会每周会面，为课程做足了准备。我们想办法确保让课程保持体验式的上课方式，彼此共享材料和资源。我与同事真正做到互相帮助，为我们商学院，最重要的是，为我们的学生，提供最优质的课程。在此过程中，我们两个也都成了更好的导师。

当人们价值观、兴趣爱好和目标一致时，会更自然地相互吸引。看到对方的内在价值，彼此双方都真诚地投入一段互利的关系中，就有可能从这段关系中真正受益。这种投资不是仅仅为了自身从交易中获利，而是能够看到对方的价值，通过彼此了解，实现共同利益。双方都进行了投入，都为增加价值作出了贡献。你们可能并不总是像我的同事和我一样一起从事某个特定的项目，但这不妨碍你们互相帮助，互为资源。你可以代表他人出面寻找更多资源，做他们的桥梁，他们也同样愿意为你这样做，于是，你们彼此的价值都得到了提升。

无私

我在通用电气公司工作期间，有一次需要在年度管理层会议上汇报工作进展。这可是件大事，我们部门的高管也会参加这次会议，他们希望就今年的工作重点达成一致。我知道自己必须做好充分的准备，让这次工作汇报有说服力。这还关系到我能否得到晋升的机会。于是，我向一位值得信赖的同事寻求帮助。

这位同事尽全力帮助我。不仅在工作日挤出时间帮我准备，甚至还牺牲了私人时间，在周末安排和我见面。我们一起检查我准备的材料；我练习演讲，她看着，差不多有 100 次；她耐心而慷慨，给我提了很多建设性意见，帮助我提高水平。而她则因为花了很多时间帮助我，导致自己的工作不得不加班到很晚才能完成。她在整个过程中的指导对我个人和职业发展都产生了影响，同时也加强了我们工作关系中的社会资本。她对我的支持和投入是无价的。这次工作汇报进行得非常顺利，增强了我的可信度和影响力，未来的机会向我敞开大门，让我能够再次向团队展示自己，并在职业生涯中获得进一步的发展。

无私意味着你把他人的最大利益放在心上。你的目的不仅仅是为了从这段关系中获利，更是为了对方能获得成功。你希望了解一个人本身，而不仅仅只是关心他们能为你做些什么。我的意思并不是说你不应该期望从一段关系中得到回报，有时候需要进行资源互换也是正常的。我的意思是，如果你想产生影响力，就需要让别人知道你不是只为自己的利益盘算。

无私的行为能产生什么影响？是什么让别人在心里认为你的行为是无私的？斯蒂芬妮·约翰逊（Stefanie Johnson）是领导力方面的权威和教练，她讲述了一些首席执行官在公司经历危机时如何挺身而出的故事。她写道："领导者的自我牺牲，让员工在危机期间对他们有了更正面的认识，对

公司也会更加忠诚。"很多公司的首席执行官，如领英、花旗集团、美国银行、联邦快递、万豪国际、达美航空和优步等，在新冠疫情期间都承诺削减自己的薪水或不进行裁员。

为什么约翰逊认为自我牺牲最有效？首先，领导者愿意在员工必须做出牺牲的同时自己也做出牺牲，而且通常牺牲程度要比普通员工高。其次，他们是有目的地牺牲。例如，我的前雇主和其他许多公司都在新冠疫情期间让工厂生产线改为生产个人防护设备和呼吸机。最后，约翰逊表示，重要的是要积极透明地公布，通过牺牲所换来的资金或产出是如何被重新利用的，这不是为了个人荣誉，而是为了让人相信牺牲的意图是真诚的。例如，在危机期间，我的一位客户公司的首席执行官削减自己的薪水转用于员工补助。

在非危机期间也有很多向别人提供无私帮助的机会，就比如同事帮我准备领导力的演讲。当机会到来时，你必须意识到它并充分利用它。

相互尊重和信任

有时，我需要与正在经历冲突的团队合作。这些团队在压力很大的环境中工作，工作效率和工作质量受到影响，社会资本几乎不存在。为了发现问题所在，我会先与相关人员进行访谈，发现他们往往对尊重或信任程度表现出担忧。这些重要的关系价值是怎样遭到破坏的？有人在脑海中编造出关于某个同事的意图和联盟的故事，并根据这些臆想做出反应；与同事分享的秘密经常遭到泄露；工作优先次序排列不当导致竞争；初级员工因为观点和想法经常被忽视，感觉自己是透明人。这个团队里的成员更多关注的是自我和如何生存，而不是怎样一起全力以赴更好地完成工作。

我在与发生内部冲突的团队进行合作时，为了重建一个正常运作、高绩效的团队，通常会先从解决破坏人与人之间基本尊重和信任的问题着手。随着一些误解和不安全感的消除，重新调整价值观，重新发现彼此的价值，打通沟通的渠道，人际关系开始重建，随着时间的推移，尊重和信任也能建立起来。

和与我合作过的其他高绩效团队相比，这些团队有一点极为突出——是否有人愿意提供无私的支持，是否有人为团队中每个成员的个人发展和团队的整体发展无私投入。

尊重和信任都是建立社会资本的基础。你给予别人尊重，才能得到别人的信任，反之亦然。

"尊重"被定义为："对一个人、一种个人品质或个人能力，表现出敬重，感受到其价值或卓越性。"首先高度认可人生而为人本身的价值，然后再了解一个人的价值观、性格等其他方面，之后尊重也会进一步加深。尊重对方即表明你重视对方本身的价值。你首先要尊重别人，自己以令人尊重的方式做事，这样才能赢得别人的尊重。

戴维·霍萨杰（David Horsager）在其著作《信任边缘》（*The Trust Edge*）中认为"信任"是："对某人或某物有信心，相信他们会做正确的事，会兑现承诺，而且无论在什么情况下都会保持一致。信任意味着可靠、值得托付和有能力。"

如果你拥有品行端正的好名声，就会将同事们吸引到你身边来，因为你已经向他们证明了你是值得信任的。有了信任，人们就会重视你，会来找你征求意见。他们关心你是怎么想的，因为你同样也重视他们的想法。

耐性

我丈夫热爱园艺。我们家的院子郁郁葱葱，长满了各类美丽的植物，有玫瑰、百合、香蕉树、皱纹桃金娘等。我丈夫给植物浇水、除草、施肥，在秋天修剪以备过冬，精心培育自己的花园，无论经历严寒、冰雪还是干旱，它都会在春夏时节长成一片活力满满、色彩斑斓的绿洲。

有社会资本的职业关系就像一座得到精心照料的花园，能经受住时间的考验。我经历的各种岗位都有一项共同的职责，就是协调市场研究项目。我目前供职的公司有一家长期合作的研究公司，该公司对我们公司的业务和行业都非常了解。市场研究专家苏珊（Susan）最近加入了这家研究公司，她在市场研究行业拥有丰富的经验，迅速了解了我们公司的业务和行业。我和苏珊在许多研究项目上进行合作，她是一个值得信赖的合作伙伴。尽管这些年来我们两人的职业道路各不相同，但还是尽力保持联系，经常约着共进午餐。我把自己的其他客户介绍给苏珊，还就公司的问题向她寻求建议。作为回报，我有机会得到她的非正式指导。作为彼此的朋友和职业人士，我们相互尊重、信任和关心，多年前开始发展的社会资本一直延续到今天。

随着时间的推移，社会资本在你与他人的交往中得到深化，时间为你与他人交往并证明关系的价值提供了很多机会。在花园里播下的种子不会立即开花，同样，一段关系的培育也需要时间。关系中难免遭遇挑战，这个时候也

正是因为这段关系所根植的价值、无私、尊重和信任，你才能经受住这样的挑战。

◎ 增加社会资本的步骤

以下 3 个步骤是增加社会资本的关键。

1. 主动出击。

2. 无私地增加价值。

3. 建立尊重和信任。

主动出击

请君出巢！主动与他人经常联系。你可能太忙了，很容易一整天坐在办公桌前一动不动；或者从早到晚都忙着在各个会议之间转场奔波。这让你没时间与见到的人来一场有意义的谈话，或者有意识地联系很少有机会见面的人。

作为人才发展专业人士，你的工作通常需要你与企业中的其他人互动，不论是为了确定人才发展方面的需求，研究如何改进人才管理的政策和实践，还是安排培训。抓住这些机会了解别人，看看那些参加过你培训课程的同事现在表现如何，他们运用所学内容在工作中取得了什么进展。

经常与人们主动联系，问问他们生活中发生了什么新鲜或有趣的事情，或者发个简短的电子邮件、短信、即时消息，哪怕打电话聊几句都可以，在社交媒体平台分享对别人有帮助的文章或报告等资源。在你通过这种互动建立社会资本时，同时也会创造更多的互动机会。

通过这种方式，我曾和一个从未谋面的人发展出了社会资本。我和伊安娜（Iana）最初是因为她联系我为她的专业协会发言认识的。那次谈话后，我们约好再通一次电话，以便在专业和个人层面都可以更好地了解彼此。我们发现彼此有共同的兴趣爱好、专业经验和职业目标，后来就通过定期通电话或发邮件来保持联络。通过这些互动，伊安娜成了我信赖的工作伙伴和朋友。

对他人有真诚的好奇心，不要浪费闲聊的机会，在时间上的少量投资也可以带来成倍的回报。正是在这样的讨论中，我们开始发现共同的兴趣和互助的基础，你也可以表明你的个人兴趣超越了工作上的交易需求。

无私地增加价值

为了增加关系的价值，你要无私一点。无私即要求你有同理心，真正关心别人。同理心是能够站在他人的角度考虑问题，这样你才能更好地理解别人。如果你对人有同理心，而不是评判他们，与你交流的人才更愿意敞开心扉。同理心向对方传达的信息是，"我理解你""我在意你的感受，关心你可能正在经历的事情"。同理心不会表现为试图给他人提建议或解决他人的担忧，同理心需要的是不加评判地倾听。

当你真正关心他人时，就更容易变得无私，更容易建立起社会资本了。关注的重点不在你身上，而是在其他人身上。如果一段关系意在建立社会资本，那么双方都是无私的。你们敞开心扉，互相支持，发挥出各自最大的潜力。

在《人格和职场社会交换关系对预测工作绩效及公民表现的共同影响》(*The Joint Effects of Personality and Workplace Social Exchange Relationships in Predicting Task Performance and Citizenship Performance*)一文中，迪桑·坎达尔（Dishan Kamdar）和林恩·范·戴恩（Linn Van Dyne）

解释道："根据社会交换理论和互惠准则，社会交换是开放式的交易流，交换双方都作出了贡献，也获得了好处，双方可以自行决定贡献的形式和时间。与经济交换不同，经济交换是在指定交换条件的基础上进行的。"

为了增加价值，你需要先知道对他人而言什么有价值。神经价值论科学的先驱彼得·德马雷斯特（Peter Demarest）指出，"价值是指某事物可以将生活质量提高到什么程度"。你怎么能知道别人看重什么？在与人互动时要善于观察：他们在工作和生活中最重要的优先事项是什么？他们倾向把时间和精力花在哪些地方？询问他们有什么需求，对什么感兴趣，什么对他们有帮助。真正有兴趣去了解和理解他人，和他人产生联系，为他人提供帮助。好奇他们是什么样的人，他们关心什么，找到你们共同的价值观和兴趣爱好，这样你们的关系才能逐渐发展起来。做一个善解人意的听众，理解他人的观点。当他们进行口头交流时，或者通过电子邮件或短信书面交流时，你不仅要留心倾听他们所说的话，还要注意观察他们的肢体语言和语气。消除干扰因素，这样你才能够真正投入。

你的重点是要了解别人需要什么，如何让自己成为一种

资源。在要求任何回报之前，你要先在这段关系中进行了储蓄，要知道你的动机不是"为了得到而付出"。有些人只在有求于你时才会给你打电话，你可千万别做那种人。当你怀着真正的同情心作贡献时，一定会得到回报。

艾米·希利迪表示："影响力可归结为康维所指的第五个习惯，人们首先要理解别人，然后才能被别人理解。倾听真的很重要。影响力不是你喋喋不休地告诉别人你有什么想法，或者你想要什么。影响力实际上是要了解他人（或你工作的公司）有什么需求，遇到了什么困难，并以对他们更有意义的方式采取相应的行动，做出合适的行为或使用相关的工具。"

问问别人他们需要你怎样的帮助，并表示愿意在自己能力范围内帮助他们；对彼此有明确的期待；就你对他们的了解，与他们分享你的想法和资源；在工作内外介绍人们互相认识，成为人们之间连接彼此的桥梁。

善行常有回报。即使你为人增加价值的行为动机不是为了获得他们的回报，人们也可能会觉得他们同样有义务为你做点什么。"如果人们因为你曾经的帮助实现了目标，而感到对你有所亏欠，他们就会帮助你，这就是互惠原则。"罗伯特·西奥迪尼表示。我们在本书第二章中讨论过西奥迪尼关于影响力的 6 个原理。在这种情况下，互惠不仅是一种交易或经济交换，它还是一种有可能加强人们之间关系的善意交换。

建立尊重和信任

日常与他人进行正式或非正式互动时，注意自己的行为方式。你重视并尊重他人吗？你如何与他人互动，如何一起工作，都会影响社会资本的发展，这反过来又会影响你们彼此的工作以及整体工作的效率。

帕特里夏·西亚斯（Patricia Sias）在她 2009 年出版的《整理关系》（*Organizing Relationships*）一书中解释说："如果一个企业中的同事关系和特殊同级别员工关系比例偏高，这可能表明，在该企业中，员工彼此喜欢，相处融洽，相互帮助。"西亚斯关于职场关系的研究表明，当员工发现彼此之间有相似之处，互相有好感时，他们会更有动力互动，变得更加亲密。相似之处包括年龄、态度、对彼此个性的欣赏或就业状况等。"工作位置相近的员工（例如，办公桌、办公室或工作台彼此靠近），或从事同一项目的同事，更有可能成为朋友。"西亚斯补充说。西亚斯的发现与西奥迪尼关于影响力的研究一致，西奥迪尼发现"喜好"正是一个重要的说服力原则。

关系研究所的执行主任约翰·M. 戈特曼（John M. Gottman）在接受《哈佛商业评论》高级编辑戴安娜·古图（Diana Goutu）采访时解释道："在企业内部，人们必须尊重别人，否则就不存在社会黏合剂。"当我们真正地重视他人时，才有可能形成相互尊重的关系。只有对他人有一定的了解，才能重视他人。

我们所感知的社会地位很大程度上来自我们受到多少尊重，这种尊重向他人发出了信号。举例来说，人们常因自己的职位受到尊重，我们在成长过程中经常被教育要尊重有权威的人。我们尊重一个职位，也会因他人所处的职位而信任他们。我们希望人们具备与其职位相关的特征，如果他人的行为方式与其职位相符，我们会相应地表示一定程度的尊重。当你观察这些人并与他们互动时，你就会期望他们能够保持一致性。

人们因职位而获得的尊重无法深化他们的社会资本，社会资本是随着与人的交往增加而增长的。你可能没机会和领导互动，无法深入地了解他们，但是，他们做出的决定和采取的行动，还是会影响到你。他们的无私行为也会让你觉得和他们产生了个人联系，你对他们的尊重以及他们从你这里获得的社会资本，可能就会因此增加或减少。是你决定了领导与你之间的社会资本，在这种单方面的交易型交换中，社会资本是很浅层的。领导可能因为不认识你或与你没有交往经验，和你之间就没有社会资本。当领导走出自己的内部圈子，来到生产第一线与员工建立起联系时，他们才能对员工真正有所了解。只有这样，相互之间的尊重和信任才能在更人性化的层面发展，而不仅仅局限于职位层面。

克里斯蒂·罗杰斯（Kristie Rogers）关于尊重的研究表明，员工在职场上看重两种类型的尊重：应得的尊重——因为你的团队或成员身份而自然获得的尊重；赢得的尊重——因个人价值获得的尊重。罗杰斯表示："应得的尊重满足了人们对团队包容性的普遍需求，通过文明礼貌和环境氛围表明团队中的每一位成员都有内在的价值；赢得的尊重是对品行突出、工作优异的员工的认可。尤其是在知识型工作环境中，表现优异的员工得以脱颖而出，每个员工都有独特的优点和才能，赢得的尊重能满足员工希望因工作成绩突出而得到重视的需要。"

通过尊重创造社会资本，必须超越对某人职位的认可，或者赢得的尊重，达到一个更深的层次，重视和欣赏人们的性格本质，认可他们的贡献。这些贡献是对关系的投资，也是对团队的投资。

尊重是从他人那里赢得、靠他人给予的。如果你想得到别人的尊重，首先必须值得别人尊重。在得到别人尊重之前，你必须先尊重别人。和对方打过交道才有可能更加尊重对方。以重视他人价值的方式对待他们，才能证明你尊重他们。你有礼貌吗？你是否以开放的心态、不加评判地听别人说话？你是否以尊重他人的方式对待他人？

尊重向人们发出信号，表明他们有社会价值，这对人们的职业成长是重要的反馈机制和催化剂。

信任也是从他人那里赢得、靠他人给予的。在企业学习和发展负责人吉米·纳尔逊看来，社会资本是通过"建立无条件的信任"来发展的。史蒂芬·R.科维（Stephen R.Covey）在其著作《高效能人士的 7 个习惯》（*The 7 Habits of Highly Effective People*）中提醒人们，遵守承诺、保守秘密，对不在场的人员同样尊重，你就赢得了被信任的权利。

想想那些对你影响最大的人，他们才是和你之间拥有最多社会资本的人。你对他们有所了解，听从他们的意见，你知道他们是真诚的，因为他们保持了一致性，他们证明了自己是值得信任的。人们更愿意倾听和追随他们信任的人。

当你信任别人时，别人才有可能信任你。人们对待彼此的方式表明他们的可信度是否受到质疑。当人们在工作场所相互信任时，团队合作、沟通和生产力才会变得强大，也只有这样，当团队内部出现冲突时，人们才能够更好地解决冲突。

心理学家道格拉斯·麦格雷戈（Douglas McGregor）的X–Y激励理论也反映了信任在工作中的重要性。管理者对信任的态度为组织文化奠定了基调。麦格雷戈解释说，X理论管理者不信任员工，认为员工都是以自我为中心，只是为了满足"马斯洛需求层次"的前两个层次需求而工作，即基本的生理需求（空气、食物、水，以便能够为家人提供基本需求）和安全需求（拥有稳定的工作及安全的工作环境）。他们不喜欢自己的工作，缺乏责任感和主动性。与之相反的是，Y理论管理者信任员工，认为在适当的工作条件下，大多数人都有上进心，好好工作，能承担责任，能表现出主动性。他们认为员工在马斯洛需求层次的各个层面都能受到激励，而管理者应该是帮助员工实现自我价值的合作伙伴。这

些态度体现在管理者的行为中，并在员工关系中产生连锁反应。员工是如何一起工作的，团队内的士气怎么样，能够表明在一个团队内是否存在信任。

人才发展专业人士可以通过哪些方式在他们的人际关系中建立信任，并在组织内激发信任感？正如 Y 理论管理者的所作所为，只有认为他人的意图是值得尊敬的，并确保你的意图也是值得尊敬的，才能产生信任。通过采取我们在本章中已经讨论过的步骤来赢得信任：主动与他人建立真正的联系，无私地增加价值，并建立尊重。信任也常常存在于你和他人互动时所做的小事中，比如兑现自己的承诺；分享信息，而不是将信息控制在自己手里；诚实，不要散播谣言；犯了错愿意承担相应的责任；当你的言行给他人造成伤害时，无论你是有意为之还是无心之过，都必须向他人道歉。

请思考

在你的职业关系中选一种，考虑以下特征是如何在社会资本的发展和深化中发挥作用的。
- 价值
- 无私
- 相互尊重和信任
- 耐性

◎ 增加你的社会资本

一个团队中是否存在有意义、有成效的工作关系，社会资本至关重要。人际关系建立在社会资本基础之上的工作场所中，人们更有机会产生积极的影响力。

人才发展专业人士的大部分工作是在自己建立的关系基础上进行的。主动对这些关系进行投资，社会资本才会随着时间的推移得到发展和深化。社会资本的特征和人才发展的目的非常一致，和你每天负责的工作也极其相符。为了员工个人、团队和企业的发展，无私地设计培训项目并实施，你就提升了价值。当你表现出对他人的尊重并赢得他人的信任时，人们就会更愿意与你建立伙伴关系，你的影响力也会随着社会资本的增加而得到提升。

◎ 总结

在工作场所，你所做的决定和采取的行动往往会影响到其他人。你担心这种影响力在他人身上会发挥怎样的作用，会增加还是减少他们与你之间的社会资本。当你表现出愿意为你与他人的共同利益无私增值时，社会资本就有机会积极发展和增长。如果别人以前和你接触时信任你，由此产生的社会资本有可能增加你的影响力。你不会仅仅因为自己说了什么或者做了什么而产生影响力，而是因为别人尊重你，认为你是一个有影响力的人。当存在社会资本基础时，鼓起勇气可能就没那么难了，这一点我们将在下一章进一步探讨。

第六章
勇气
CHAPTER6

　　塔妮莎鼓励康苏埃拉利用她与丹尼尔之间的社会资本。她们讨论了当前企业发展面临的挑战，这些挑战会影响企业中的所有员工，还会导致丹尼尔的供应链运营中断。随着技术快速发展，公司已经扩展到新的行业领域，竞争力有所提高，产品上市的速度起到更加关键的作用。在过去的半年时间里，公司推出的新产品比以往任何时候都多。必须提升供应链的能效，才能将更多产品交付到更多客户手里，同时需要搭建新系统，为可能随之产生的复杂情况提供支持。

　　从丹尼尔的角度看，一切工作都进展得相当顺利。康苏埃拉的团队正在遭遇的运营问题可能对丹尼尔来说并不那么明显，所以，让他心甘情愿与康苏埃拉合作不是那么容易的事。丹尼尔认为只需要招聘更多的员工就能解决康苏埃拉的问题。康苏埃拉已经根据丹尼尔的建议增加了新员工，但她觉得这只是治标不治本，必须找出深藏其中的根本原因。

一想到还要去找丹尼尔沟通，康苏埃拉就感到有些害怕。他们现在压力都很大。康苏埃拉需要调整自己的行动计划，自信地证明自己有道理。有时候，她觉得可能独自处理这个问题会更容易，根本不需要丹尼尔介入。

为避免与丹尼尔发生进一步的冲突，康苏埃拉确保自己已经通盘考虑了在团队内部改进工作的各种可能性，也许可以让团队再接受一次培训，康苏埃拉找塔妮莎去谈增加培训的可能性。

塔妮莎找到负责入职培训的教学设计师和培训师，查看了评估结果，到客户服务团队了解情况，还查看了康苏埃拉的客户服务数据，最终只能得出结论：入职培训已经达成目标。下一步需要与丹尼尔一起找出供应链运营存在的问题，然后解决这些问题。

塔妮莎知道这不是康苏埃拉想要的结果，增加培训有助于康苏埃拉表明她正在自己的部门内部采取行动。但塔妮莎认为，无论是增加培训还是增加员工，都无法在现阶段为解决客户问题做出任何可观的改进。随着供应链问题的解决，以后可能确实需要为团队安排新的培训应对新的情况，那时他们可以再重新考虑培训的问题。塔妮莎真的很想帮助康苏埃拉，但要对自己得出的这个结论有信心，她不建议在此阶段增加培训，还必须勇敢地把这个结论告知康苏埃拉，并让康苏埃拉勇敢地将同样的信息告知丹尼尔。

塔妮莎向康苏埃拉详细解释了这里面的细节和逻辑，康苏埃拉很不情愿地接受了这个现实，暂时不考虑安排培训了。接下来要去找丹尼尔了，她们应该怎么做？

康苏埃拉在与丹尼尔见面之前，先找塔妮莎帮忙一起准备。她们考虑了丹尼尔可能做出的各种回应，并准备了额外的资料以备所需。塔妮莎建议她们可以先约见一位与丹尼尔合作密切的董事，看看他能否提供更多建议。

即将与丹尼尔会面，康苏埃拉感到有些焦虑，她预计到丹尼尔可能反击，但她对自己的数据和结论也有充分的准备和足够的信心。

在两次紧张的会议之后，丹尼尔和康苏埃拉终于就两个部门的一些重要问题达成了一致意见，并开始制订计划，打算一起解决问题。他们还需要采取一些政治手段让高层领导

同意他们的计划，这样才能获得所需的预算。这是他们的下一个挑战。

◎ 勇气为什么对影响力很重要

还记得你第一次从跳板上跳进游泳池的情景吗？虽然你擅长游泳，但也必须鼓足勇气才能迈出那一步。你担心自己是否有足够的力气从游泳池深处游上来，担心水会冲进鼻子。起跳时，你感到一阵肾上腺素的冲击；入水时，你感到无比放松；你兴奋地游回泳池边，爬上梯子，准备再跳一次。

勇气是面对不确定性时愿意向前迈出一步，即使你感到害怕，即便前方的道路充满了问题而不是答案。勇气需要你深入挖掘自己的内心和灵魂，让自己做好准备。勇气是"敢于冒险、坚持不懈、经受危险、恐惧或困难的精神或道德力量"，这个词"Courage"源于拉丁语词根"cor"，即心脏。

文森特·梵高（Vincent van Gogh）曾发问："如果我们没有勇气去做任何尝试，生活会变成什么样子？"

恐惧是人类天性的一部分，没有恐惧，就无所谓勇气。

恐惧并不完全是坏事，人们在恐惧的压力下才能做出改变。勇气也离不开恐惧。如果你勇敢起来，即便恐惧仍然存在，也不会把你压垮。"有勇气不代表不害怕，而是代表一个人有克服恐惧的决心。"领导力专家兼教练塔梅卡·威廉姆森（Tameka Williamson）写道。

有勇气意味着你愿意走出去，拥抱脆弱，放弃舒适感，对自己的能力失去自信，不确定未来会有怎样的结果。但不管怎样，即使你更愿意在游泳池的浅水区舒适地漂浮，也会在认真思考之后义无反顾地走上跳水板。

从事人才发展工作，勇气是必需品。你在支持公司的同时，也在推动公司往前走得更远，挑战现状，鼓励变革，为公司的未来积极做好准备。这并不总是一个受人欢迎的位置，因为并不是每个人都准备好了迎接改变，也不是每个人都认同这条改变之路。但要知道，如果一直留在舒适区，你和公司都不会成长。

桑迪·马克西反思道："我们尽自己最大的努力激励他人做出行为上的改变，但最终是否采取行动，还得取决于他人自身的意愿。我们的干预可能有效，也可能无效，这要看相关人员自己愿意付出多少，这一点是我们无法控制的，但

我们还是要有勇气去表达自己的观点。"

　　有时你的观点或想法可能只有少数人同意，有时你的意见和建议可能会受到质疑，这可能让你觉得你和公司的价值都成了问题。你经常想要取悦他人，或在压力之下通过严格执行别人对你的要求来证明你对他们的支持。你要勇敢地去做你认为正确的事情，有时甚至要捍卫自己的立场。

　　作为人才发展专业人士，你经历过以下哪些需要勇气的时刻？

- 提出你认为正确的建议，哪怕不符合别人的要求。
- 诚实对待关于人才发展的反馈和赞扬。
- 指出某个问题并不能通过安排培训或培养人才得到解决。
- 当你的想法和观点与团队不一致时，仍然敢于提出你的想法和观点（避免群体思维）。
- 即便遭到他人反对，也坚持倡导某项人才发展问题解决方案。
- 设计研讨会或培训材料，激发他人行为的改变。
- 口头或书面表达你的想法，公开你的想法和信念。
- 提供培训课程，引导他人获得新想法和新视角。
- 诚实地说明人才发展方法能否起作用。

- 即便有可能失败，也愿意改变和尝试新的人才发展问题解决方案。

- 挑战既有的文化规范，不要被"这就是我们这里的做事方式"的思维束缚住。

勇敢应对以上情况，对你来说最具挑战性的是什么？你是如何应对挑战的？你的影响力受到了怎样的冲击？

勇敢并不意味着盲目行动。做好准备，制订好计划或行动步骤，才能真正带给你勇气，至少在最初阶段是如此。仔细考虑是否应该采取行动，怎么走出这一步。商业教授兼作家凯瑟琳·里尔登（Kathleen Reardon）将这种经过深思熟虑的勇气称为"勇气计算：一种避免鲁莽、低效或非理性的行为，增加成功概率的方法"。让你处在一个更有助于发挥影响力的位置。即兴发挥很少能够奏效。当你思考过自己应该做什么，应该说什么，如何安排下一步时，你就有了更多的反思机会，问问自己事情是否在朝着你希望的方向发展，在必要时调整策略。

勇敢、深思熟虑和专注工作尤其重要。你要认真考虑你在工作中发展起来的名誉和社会资本受到的影响。被疏远不是你想要的结果。你需要有能力在未来完成自己的工作，这离不开别人的支持与协作。

当你拒绝向恐惧屈服时，你就有机会充分发挥自己的潜力，利用自己的潜力对团队内的积极变革产生影响。

◎ 勇气的特征

关于勇气，迪士尼童话和超级英雄电影能教会我们什么？在这些影片中，故事聚焦于主人公战胜大反派的勇气。主人公通常都是那些最不可能打败坏人和克服逆境的角色，故事一般都是围绕着他们鼓起勇气最终反败为胜而展开的，他们最后都成了大英雄。

你最喜欢哪个童话故事或超级英雄？在这些故事中，以下哪些勇气特征比较常见？

普通人身上的勇气

这些超级英雄在日常生活中并不是最受欢迎或最有自信的那种人，身边的大多数人都看不出他们有力量或勇气应对最艰难的挑战。他们可能会遇到这样的情况：必须为拯救自己或身边人的生命而战斗，即便他们本来并不打算扮演这种角色，或者认为自己并没有能力做这种事情。

　　工作中，可能在很多情况下，你都觉得轮不到自己发表意见。"谁会听我的呢？"你可能会这样想。

　　凯尔（Kyle）参加了一个会议，大部分与会人员在公司中的级别都比他高，会上讨论的关于新员工入职培训的问题，似乎是围绕他展开的，而并不需要他提意见。他从老板要求做的分析中获得了关于员工流失率的数据，在会议做出最终决定之前，需要拿出来分享和讨论，但没有人提出这个问题。凯尔觉得这些数据可能会改变小组讨论的方向，他坐在那里思考自己是否应该提起这个话题，应该在什么时机、以什么方式插话进去。终于，凯尔小心翼翼地问，他是否可以分享一些可能会对他们有帮助的信息。所有的目光都转移到了他身上，他分享的资料为会议讨论提供了新视角。

　　"大部分有勇气的举动并不是出自告密者或团队中的殉道者，而是来自各个级别受人尊敬的内部人士，他们采取行动是因为认为这样做才是对的……而且如果他们做好了流程管理，不一定会为自己的行为付出高昂的代价；事实上，当他们激发了积极改变时，地位反而可能会上升。"教授兼作家詹姆斯·德特特（James Detert）这样解释道。

值得去争取

如果前方的道路一马平川，我们就不需要太多勇气。勇气产自逆境，克服挑战才能成长，哪怕有时会在战斗中留下伤痕。"勇气是人类克服恐惧或绝望为了成长而采取行动的意志。"领导力专家兼作家凯瑟琳·佩尔姆（Catherine Perme）解释说。

在战胜挑战的旅途中，你会经历挫折和失望。要取得胜利，你要正视自己的核心价值观和信念，发现其中蕴含的真理和力量。

佩尔姆写道："在团队中培养勇气很难，关键是要忠于愿景和价值观，同时接受当前的现实、绝望和恐惧感。"

鼓足勇气挺身而出不容易。与风险相比，克服困境获得的奖励或者结果必然是更有价值的，不然，弃之不顾岂不是更容易？如果没有什么风险，获得的回报也就显得无关紧要了。

据罗伯塔（Roberta）所知，很多员工都害怕公司即将发生的变化。工作技能的变化意味着人们可能面临失业的风险。罗伯塔与同事沟通，希望增加投入对员工进行再培训，尽可能多地让现有员工留在岗位上。罗伯塔明白，大家不一定支持这种做法，因为公司预算紧张，优先考虑的肯定是对创新和新技术的投资。但无论是从短期还是长期来看，这都是一项能获得回报的投资。尽管公司已经就此做出了一系列决定，但罗伯塔还是认为应该为此争取一些支持，毕竟这对公司的成功和她个人的价值观来说都非常重要。

在凯瑟琳·里尔登所称的"勇气计算"中，确定目标的重要性是其重要的组成部分之一。里尔登建议，在确定目标的重要性时，要考虑做与不做的后果、形势的紧迫程度、形势应该升级到什么程度、是否符合你的个人价值观，还要考虑对你职业生涯的影响。她补充道："勇气不是让你在优先级较低的问题上浪费精力。"

从脆弱中显现出力量

当你走出去冒险时，无法预见将要发生的一切。通往结果的道路充满不确定性，可能非常坎坷。我们都想赢，想做正确的事，想让事情按我们预期的方向发展。事情发展的不确定性让你处于弱势。

在故事的开头，超级英雄并未完美地应对挑战，也并不总能成功。在最初的几场战斗中，他们经常被打得鼻青脸肿，感情和自尊都很受伤。他们有时需要一切从头再来、稍作休息、增强体力、恢复精神、和伙伴商量对策、向智者征求意见、思考如何继续战斗下去。

他们留意自己在战斗中遇到的最大困难是什么，在这些方面努力改进，以便为下一次战斗更好地做准备。同时，他们还有一定程度的恐惧感需要克服。但他们在重返战场时一定比以前更为强大。

在职场上，当你冒着风险工作时，会担心如果事情没有像你希望的那样顺利进展，会造成什么后果。为了保护自尊和名誉，推卸责任或者根本不去做需要冒风险的事，是人之常情。

南希（Nancy）正在对为期两天的培训授课，课程内容是关于在现场安装设备的新流程。参与者来自公司各个部门，职级资历大致和她相同。在培训期间，一些参与者对新流程提出了质疑。新流程与目前的流程有很大的区别，在他们熟练掌握新流程之前，完成整套流程需要花费的时间比目前的流程要多。南希担心的事情发生了。她明白新流程的敏感性，但没有真正解决这个问题。她试图说服参与者，如果他们尝试过新流程，就会发现它是一个更好的选择。第一天的培训在紧张的气氛中结束了，收效甚微。南希非常沮丧，担心自己在同事心中失去了可信度。但她心里清楚，必须让同事恢复对自己的信任，否则整个培训就是在浪费大家的时间。第二天，在培训开始时，南希承认她之前心态不够开放，请小组成员谈谈他们的担忧和想法，并且承诺她会把这些信息带回给部门经理重新考量。

作家兼演说家玛吉·沃雷尔（Margie Warrell）写道，问题的关键在于"人不可能事事正确，但也要朝着正确的方向努力"。

很少孤军奋战

在这些超级英雄的故事中，虽然与反派战斗的重担落在了主角的肩上，但他们通常并不是孤军奋战。通常会有另一个角色——他们的盟友，和他们成为朋友，给他们出主意，明面上或暗地里帮他们渡过难关。在他们的圈子里，有人帮他们增强信心，与他们一起克服困难。在应对挑战时，有人负责出力，有人负责出谋划策，有人提供精神支持。

南希成功说服了参加安装培训研讨会的同事，他们同意就他们如何改进安装流程的想法提供更多详细信息。他们结成联盟，一起去游说部门经理重新考虑流程的设计。如果是任何一方单独行动，可能都无法引起决策者的关注，也无法表明变更的重要性。

在职场中，很少有能够单独一人完成的工作，你需要他人的投入或参与才能高效地达成目标。

准备战斗

英勇无比的超级英雄已经为这一刻做好了准备，他们的策略得当，工具齐全，他们万事俱备，胜券在握。他们的超能力有可能是与生俱来的，也有可能是在生命中的某个事件中偶然获得的，不管怎样，他们都必须练习和学习如何负责任地使用和管理他们的超能力。

塞缪尔（Samuel）即将主持他加入公司以来的第一次培训研讨会。虽然有些紧张，但塞缪尔觉得自己已经做好了准备。他已经获得了一项关键的认证，在以前的公司也有过授课经验。他为全天的研讨会制订了详细的计划，并在准备过程中进行了多次演练。作为公司的新员工，塞缪尔不确定自己是否完全理解所有材料的背景。他请教了几个部门的主题事务专家，对公司有了进一步的了解。当你知道自己已经为手头的任务做好了充分的准备时，鼓足勇气就没那么难了。

自信，但不要过度自信

自信是一种相信自己能够战胜逆境的坚定信念，它不可或缺。在这些超级英雄的故事中，超级英雄相信自己能够有所作为。他们知道自己面临的是一场恶战，但他们为此做好了准备，身边还有同伴鼓励他们，帮助他们。

塞缪尔既有经验，又做了充足的准备，他对自己的第一次培训研讨会感到信心满满。但他也知道自己有哪些弱点。作为公司的新人，他还有很多东西要学习。他希望自己在主持研讨会和与员工互动时保持谦逊的态度。

当你有信心时，就会对自己能够完成的事情抱有既坚定又切合实际的信念。但是，如果你过度自信，就可能会高估自己的能力，或者只是一厢情愿地认为结果会按你想要的方式发展。骄傲会成为拦路虎。你可能会觉得自己不需要准备，一切尽在掌握之中。这个时候失败就离你不远了，而且有可能会造成极大的伤害。

请思考

- 你职业生涯中需要鼓起勇气的最具挑战性的情况是什么?
- 你的勇气以什么方式表现出来?
- 你的影响力受到了怎样的冲击?
- 你在那次经历中对自己有了怎样的新认识?

◎ 提升勇气的步骤

有时看到别人鼓起勇气时,你会想:"我永远都做不到。"关键问题是什么?里尔登写道:"在商界,勇敢的行动实际上是一种特殊的有计划地冒险。商业勇气……是一种通过决策过程获得的技能,可以靠实践进一步提高。"

勇气可以通过实践和经验来获得,这真是个好消息。

以下 3 个步骤可以帮助你提升自己的勇气,从而对你产生更深远的影响。

1. 拥抱挑战。

2. 通过准备降低风险。

3. 不要孤军奋战。

拥抱挑战

我们不喜欢遭遇挑战，宁愿在人生旅途中不要遇到任何阻碍，但这是不现实的。

消防员有时必须冲进着火的房子，才能成功地把火扑灭。冲进火焰中是最危险的，但有时也能最有效地控制火势，只有这样才能最终扑灭大火。

在日常工作中，你经常会遇到阻力。别人可能不同意你的提议；可能和你关注的重点不同，也不把你的计划放在同等重要的位置；你可能没有足够多的资源。但是你看到了成功的可能性。在一段需要花费精力、投入时间和鼓足勇气的旅途中，发挥影响力才能达到你想要的结果。

管理学者和精神分析学家曼弗雷德·德弗里斯（Manfred de Vries）认为，勇气就像肌肉，通过锻炼即可获得："我们越能直面自己的恐惧，就越能勇敢地应对挑战，而不是被困难吓倒。"

鼓起勇气的第一步是接受现实，知道有一个挑战需要你去应对。明白自己即使不会魔法，也可以渡过难关。你的力量足够强大。

詹姆斯（James）是一名人才发展专业人士，被调到了过渡期团队，为公司即将进行的并购做准备。他被分配到了负责确定人才需求和人员配备的委员会。詹姆斯是这个团队的新成员，在他加入团队之前的几个星期里，团队已经开过好几次会了。参加每周例会时，詹姆斯做了大量的功课，包括倾听和学习、熟悉工作进展、了解已经完成的需求评估，他还在观察团队的组成。该委员会由来自并购双方的团队成员组成，担任委员会主席的罗杰（Roger）是另一家公司的领导。来自罗杰公司的团队成员似乎是最有发言权的，并在各个事项中起主导作用。在讨论的过程中达成了很多共识，就好像大家都不应该提出任何异议，几乎没有人表示反对或者表现出顾虑。在一次会议上，他们正在讨论人才评估流程的后续步骤将如何操作。詹姆斯有一些疑惑，还有一些关于如何更好地完成评估流程的想法，因为他了解自己的团队。但他刚一开口，就发现自己的意见并不受欢迎，于是就退缩了。詹姆斯知道他很难让大家接受自己的意见。

当你遇到困境或让你不舒服的情况时，与其把它推开，不如好好研究一番，尽你所能把它弄明白。你要做的是找出解决问题的方法，而不是让这个问题削弱你的能量。拥抱挑战，方法如下：

评估要处理的问题

花时间做一次现实感检验，这样就可以对你要处理的问题进行评估，明白解决这个问题的重要性，以及需要的关注度。同时注意情绪会如何影响你的看法和决定。以下问题可以引导你思考：

● 事实是什么？

● 这真的很重要吗？

● 最糟糕的状况可能是什么？（最糟糕的状况通常是你什么都不做，这样只会让挑战难度增大。）

● 对所有相关人员来说最好的结果是什么？

● 你可以采取哪些步骤来实现这一点？

● 你个人的价值观和企业的价值观对你的决定和行动可能产生什么影响？

根据这些问题的思考结果，确定是否继续，如何继续。

人才和员工委员会的负责人罗杰总是强调要按照他设计的评估流程来操作。对詹姆斯来说，更容易的办法是按照目前的方案做事，并祈祷老天保佑。但詹姆斯更关心员工的利益，希望确保新团队能把这件事做对。他们的决定将影响到人们的工作和生计。如果公司的人员配置没有得到充分的协调，

公司在合并之后的运营也会受到限制。詹姆斯必须想办法让罗杰和这个团队从更高的层面考虑当前这套方案的影响。他还必须决定他是否应该在这件事上违背罗杰的意愿。詹姆斯不想冒风险损害他和罗杰通过在这项工作上的合作建立起来的社会资本和信任，这可能对他的职业生涯有重要意义。

詹姆斯额外做了一些调查研究，确保从各种角度了解当前的方案，可以做到客观。他还需要了解委员会内部的政治因素，参与者都是些什么人，他们之间的关系如何，团队中权力是怎么分配的，以及团队是怎么一步步走向功能失调的。这样一来，如果他最终决定要采取行动的话，就不是在打无准备之仗了。

詹姆斯·德特特指出："选择你要参加的战斗。评估参与一场战斗的后果，不管是胜利还是失败，是有助于最终赢得战争，还是适得其反。"

设定切合实际的期望

考虑到现实情况，对自己和其他相关人员应该有怎样的期望？勇敢的行动会带来什么结果？有时候，你会抱有很高的期望，期望自己能轻松实现目标。这可能是不合理的，你可能需要反复试错。

要对自己寄予厚望，跳出自己的舒适圈。但是，我们也要在厚望和现实结果中取得一个平衡。利用这些信息帮助自己制订计划，而不是把它们当作停留在舒适区的借口。将你的目标从避免犯错调整为扪心自问："根据我现在掌握的信息，这会导致什么风险？下一步如何进行会更好？结果可能是什么？"对自己宽容一点，要知道不是所有事情都能按计划完美进行，但你还是要尽力而为，不要被自己打败。

詹姆斯得出结论，他真的是想做些什么。当前评估方案中的漏洞可能会导致一些意想不到的后果，他需要让委员会负责人罗杰知道这一点，并提交给整个委员会进行讨论。詹姆斯认为他的结论是显而易见的，然而，考虑到这里面所涉及的政治关系和罗杰想要前进的方向，詹姆斯意识到很难让罗杰听进去。他必须一步一步来，但绝不能放过这个机会。詹姆斯希望他正直的名声和对公司的忠诚能为他在与罗杰的初步合作中赢得一些信任。詹姆斯需要让罗杰明白，他是为了团队，而不是谋私利。

展示脆弱的一面

为了迎接挑战，你必须抛开自尊和骄傲，坦然面对恐惧感或不适感。别害怕让别人看到你脆弱的一面。如果你否

认自己的恐惧和担忧，就不会给自己机会去克服真正阻碍你变得勇敢的困难。探究你在面对挑战时感到恐惧和焦虑的原因，你需要在自知的前提下展示自己脆弱的一面。如果你不知道自己害怕什么，那就无法面对恐惧，更无法克服恐惧。

不要害怕让别人知道你正在和恐惧、担忧做斗争。（我知道，这本身就称得上是勇敢的壮举了。）你不必装出一副一切尽在掌握的样子，人们通常都能够看穿这层伪装。在你脆弱的时候，人们才能够了解真正的你。当你卸下防备时，就能展示出自己人性化的一面，并与其他也感到焦虑的人建立起联系，让他们知道，他们也可以这样做。但表现出脆弱的一面并不代表你毫无保留，请根据你与他人关系的程度，衡量你可以和他们分享多少信息。

詹姆斯料到罗杰会对他的到来产生戒备心。罗杰可能会认为詹姆斯提出的担忧只是试图给他惹麻烦，或是质疑他作为委员会负责人的能力。詹姆斯不想让罗杰感到不受尊重。

公开表明自己的担忧，让你更容易向他人求助，也会让他人更容易向你伸出援手。当领导者表现出自己脆弱的一面时，就为工作环境和社群类型定下了基调，表明你想打造的是一种开放和信任的文化。例如，你和公司中的其他领导对

员工的冒险和失败有什么反应？如果领导在员工犯错时批评
他，那么人们就不太可能会去冒险，而且在问题出现时肯定
不会指出来。是你自己限制了组织的潜力。

把你的感受和经历记录下来。当感到恐惧、脆弱的时候，
注意自己的情绪和可能的来源。还要记录下来是什么帮助你
克服了挑战，走出了这种情绪。定期回顾和反思你捕捉到的
这些时刻，看看出现了哪些趋势，哪些可能对你最有帮助。

如果你愿意表现出自己脆弱的一面，创造一个不追求
完美的环境，那么人们的参与度就会提高，就能得到更多
的发展机会。

通过准备降低风险

不要让自己沉浸在恐惧之中，不要等待恐惧感自行消
失，这样才能获得勇气。让恐惧激发行动。

从恐惧感和脆弱感走向勇敢，需要的不只是壮起胆子向
前迈出一步。完全把问题留给胆量去解决，恐惧必然还会卷
土重来。你的目标是增强自信，同时把风险降到最低，这样
你就没有什么可害怕的空间了。你无法控制一切，而且有些
事情超出了你的理解范围。降低风险最重要的步骤之一是制

订计划，预计可能出现什么错误，尽可能地降低犯错的可能性，并为难以避免的情况制订应急计划。

为工作做计划，按计划做工作

斯蒂芬·R.科维在其著作《高效能人士的7个习惯》中解释了习惯——"从目标出发"，对实现预期结果的重要性："当我们真正明白对自己而言什么最重要，将此牢记于心，每天做好自我管理，做真正重要的事情，我们的生活就会发生很大的变化。如果不把梯子靠在正确的那面墙上，我们迈出的每一步都只会让我们更快地到达错误的目的地。我们可能非常忙碌、非常高效，但只有当我们从目标出发时，才能真正实现预期结果。"

如果你没有根据目标规划工作，那就无法实现既定目标，勇气也会因此受到打击。你需要确定一个路线图，一个能够指导你如何将勇气付诸行动的计划。

首先明确你希望获得什么样的结果，列出具体目标。你认为怎样才算是成功？这个目标合理吗？实现这个目标的可能性有多大？同时也要考虑到你的受众，他们有什么需求和期望？

接下来，把你的注意力放在能帮助你实现目标的措施上。不要试图一下子计划好所有步骤，这会让你不知从何处下手。先重点考虑最初的几步，看准时机再开始行动。你认为对所有相关方来说，最好的路线图是什么？以怎样的方式提出建议最有效？在你的计划中也要考虑到这些因素。

然后就可以按照剧本开拍了，但同时也要保持灵活性，根据实时信息和情况变化及时调整方案。

詹姆斯和同事一起为如何更好地接触罗杰制订了行动计划，他的顾虑也随之得到了缓解。他们心中有明确的目标和预期结果，并以此作为出发点。最好的情况是罗杰愿意听他们讲他们的结论和建议，并带头提交给全体委员进行审议；退而求其次，罗杰可能不会全力支持，但还是同意让詹姆斯将信息和建议提交给全体委员进行审议；最坏的情况是，罗杰有很强的防御心理，并拒绝做任何事情。

他们为每种可能性都制订了计划。这件事关系到很多人，委员会、员工和公司都牵涉其中。知道如何把事情向前推进，在不同的情况下如何做出处理，詹姆斯更有信心了，他们应该能够达成一些共识，并能进行建设性的合作。

"如果，那么"情景规划

"如果，那么"情景规划在危机管理规划中很常用。通过预估潜在问题，设计应对方案，从而减少未知因素，这也

有助于降低焦虑感。

如果最初的几个步骤都按计划完成了，接下来应该做什么？第一步取得了进展，自然会引导你继续走下去。就比如夜间驾驶时，车前灯为你照亮车前的路况，车继续往前开，灯也会继续照亮接下来更多的路段。制定好了流程，你从前一步骤中获得的信息，就能用在后面步骤的决策上。

你当然希望这个计划能让你逐步逼近目标，但难免会发生意外状况，结果可能让你无法按既定路线前进。这时同样也要利用你制定好的流程，根据从前一步中获得的信息，决定下一步怎么走。

提升信心和可信度

做好了准备就会感到更加自信，做起事来信心十足。别人看你准备充分，也会对你更有信心。相比即兴发挥或因为害怕什么都不做，这样才能收获更好的结果，别人也会觉得你是可信之人。

作为一名人才发展专业人士，别人经常会来问你专业意见和建议。你通过对情况进行客观评估来确定最佳解决方案。你的结论可能与领导的要求不一致，在这种情况下，还要继续提出建议并有效地影响最终决策，就需要勇气了。这时你要准备好评估报告，想好怎么和人沟通，这对于保持可信度并获得别人的信任至关重要。

艾米·希利迪处理过类似的问题，她表示："如果培训并不能真正解决问题，我就不会建议领导在培训上浪费太多资金和资源。他们会问我为什么这样认为，有什么根据。以前你可能只凭自己的三寸不烂之舌，就能在会上说服领导，但现在情况已经变了，领导往往不了解你这个人，也不了解你的职业道德。这种情况下，要想让他们看清问题的根源，最有力的方法就是把数据提供给他们。"

不要孤军奋战

人类无法独自存活，需要和其他人建立联系。然而，有时我们觉得自己无法伸手求助，尤其是在感到害怕、焦虑和脆弱时。我们觉得自己必须独自克服挑战，或者要让别人觉得我们能自己处理好问题。不好意思求人帮忙。然而，此刻正是我们需要他人支持的时候。

有时，超级英雄会有所谓的"救世主情结"或"白骑士综合征"，认为他们必须单枪匹马拯救世界。有时，普通人也会遭受同样的痛苦，感觉我们必须为所有人解决问题。你

的目标应该是与他人合作，开发有创新性的有效解决方案。让他人参与进来也有助于增强其主人翁精神并获得其支持。

詹姆斯感到有些尴尬，因为他一想到要跟罗杰对话就感到紧张。但他还是召集了自己的团队帮助他制定策略克服恐惧。他并没有让骄傲成为向别人征求更多意见和支持的拦路虎，他甚至还求助于罗杰信赖的一位伙伴，因为他知道自己可能需要一位盟友来证明其他领导者也参与了这个计划。

你需要战略盟友和拥护者来显示自己得到了支持。这些盟友和拥护者本身应该拥有一定的社会资本，或对你希望影响的人有一定的影响力。罗伯特·西奥迪尼将这个概念称为"社会认同"，是他提出的说服力六原则之一，我们在本书第二章中讨论过这一点。

当你拉拢到其他人时，可能还会惊讶地发现你的处境并不特殊，他们也有过类似的经历，而且通常非常乐意与你分享他们的经验教训和想法。当你自己置身于困境之中时，很难做到客观看待形势。告诉别人你想要实现的目标和你面临的挑战。人们有不同的视角和经历，可以帮助你从不同的角度看待自己的处境，并为解决问题提供参考意见。

建立支持网络，让人们参与你的计划。独自一人勇敢面对困境很难，容易有孤独感和挫败感。当你向身边的人群求助时，你就有大量的资源可以利用。当你觉得自己"做不到"时，有人会站在你身边鼓励你、提醒你，你能做到，在你走向成功的路上给你提供帮助。

◎ 鼓起勇气

在某些情况下，你需要极大的勇气来施加影响。你可能不相信自己能成为那个有影响力的人，因为你没有相应的权力。其实不必试图成为或表现得像个超级英雄，不必等待别人赋予你力量，你完全可以自己赋予自己力量。凯瑟琳·佩尔姆鼓励道："你不需要花哨的头衔或职位权力，只需按照自己所承诺的愿景和价值观做事，就能产生乘数效应，对公司产生重大影响。"

你在人才发展工作中的作用，从根本上来说，是为了帮助他人充分利用机会，或解决妨碍个人和团队发挥自己最佳水平的问题。你在电影中不是主角，而是配角，要做的是发挥影响力。与你共事的人必须自己完成工作，而你负责建议、指导、鼓励，乃至激励。只有当他们主动走向改变

时，改变才会发生在他们身上。你培养的勇气不是为了改变他们，而是激发改变。你需要的勇气是愿意为自己的信仰发声，挑战现状，按照自己奉行的价值观生活。

吉米·纳尔逊说："我非常认同勇气是人才发展工作的一部分，无论你是培训师、辅导员还是教学设计师，都必须鼓起勇气去说，'这就是我所相信的，哪怕人们可能会将它撕碎，我也要让人们看到它'。"

没有勇气，就没有影响力。

◎ 总结

勇气不只存在于英雄事迹中，它更是人才发展专业人士所必需的，他们每天都要应对企业发展和成长的挑战。勇气需要精神和道德力量。面对挑战时，无论是否采取行动，你所做的任何决定都会产生相应的后果。三思而后行，这些都是正念，有助于你做真实的自己，这是我们在下一章中要讨论的内容。

第七章
真实性
CHAPTER 7

　　塔妮莎理解重要客户的敏感性，也明白供应链问题和客户服务问题是如何变成了备受关注的预算问题的。高管们提意见、出主意，要求对此进行仔细地审查。丹尼尔和康苏埃拉都希望他们的跨职能项目能进展顺利，但他们很难做到各方兼顾，同时认同他人的做法。在一些高层会议上，丹尼尔会表现得和平时不同，对一些问题的回答有时也会与康苏埃拉不一样。这让康苏埃拉非常困惑。有时康苏埃拉似乎会把责任推到丹尼尔的团队身上。还有一些情况下，他们不知道对方会做出什么举动，开始怀疑他们究竟能否真的信任彼此。

　　发现两人之间关系紧张后，塔妮莎找康苏埃拉和丹尼尔

了解情况。他们承认，在这种特殊情况下，他们都在试图保护自己，这反而破坏了信任，疏远了彼此。

塔妮莎请他们考虑一下自己的个人价值观、团队的价值观，以及他们作为领导所肩负的责任。塔妮莎帮助丹尼尔和康苏埃拉重新聚焦于他们共同努力实现的目标，他们罗列出为了让两个人之间的工作富有成效，需要对方做的事情。他们承诺以后会更加自觉，做自己该做的事，从而确保有效地合作。塔妮莎答应会提醒他们，让他们承担起各自应负的责任。

◎ 真实性为什么对影响力很重要

你见过变色龙吗？有没有看到过它变色的过程？变色龙有一种惊人的能力，可以通过改变皮肤的颜色来调节体温、反映情绪变化、传递信息。例如，当变色龙感到放松时，皮肤下细胞的排列结构就会发生变化，反映在皮肤上就是较深的颜色，比如蓝色。当有什么东西让变色龙感到兴奋，或者觉得需要保护自己时，细胞的变化会让皮肤呈现出更明亮的色彩，比如黄色、橙色和红色。变色龙还有一个长长的、能弹射的舌头，用来捕食猎物。

这可能会让你联想到你遇到过的一些人，他们的行为模式有时会发生突变，和你印象中的风格完全不一样。

在某些情况下，他们可能毫无预兆地改变自己的观点或行为，让人觉得虚伪、自私。他们的言语和行为有时会给他人带来伤害，就像变色龙的弹舌一样。这种做法可能表面上对他们有好处，但伪装一旦被人识破，就会损害他们自己的形象，失去之前从别人那里获得的尊重。

范·登·博世（Van den Bosch）和他的同事在《工作中的真实性：是否匹配？》（*Authenticity at Work: A Matter of Fit?*）一书中，将"真实性"定义为：人们的行为与其真实自我的一致程度。"工作中的真实性"指的是在工作中，人们能在多大程度上感受到真实的自我，并和工作环境协调一致。

工作场所是一个动态变化的环境，职场人士要不断适应，根据情况的变化灵活调整自己的行为。但不管怎么调整，都不能背离你的本质，这样才能保持真实性。

工作场所的真实性可以从 3 个维度来衡量。第一个维度——自我疏离，是一种主观感受，不知道自己在工作中是谁，感觉与真实的自我脱节。第二个维度——活出真我，反映了你在工作中忠于自己的程度，你的行为体现了你的价值观和信仰。第三个维度——接受外部影响，指的是你觉得自己的行为在多大程度上符合他人期望。"当员工的自我疏离水平低、活出真我水平高、接受外部影响水平低时，真实性体验就达到了最佳水平。"博世和塔里斯解释道。

在真正有影响力的领导者或职业人士身上，这些维度是如何体现的？你的行为受到个人价值观和个人原则的指引，并与团队的价值观和原则相一致。因为你在行为上保持了一致性，人们就知道他们能对你有何期待。在与他人交往的时候，你往往会更有自知之明，也会更机敏、更认真地对待整个过程。你对自己充满信心，但并不傲慢，意识到自己并不完美，也不必强求成为一个完美的人。你敢于承认自己犯的错误，为造成的伤害或损失道歉。你不会试图控制别人的意见或行为，但是真的会对不同的观点感兴趣。即使遇到敏感情况，或者需要做出一副强硬的样子，你的动机也是真实的。你不会因为别人对你的要求，或根据你周围人群的特征，而改变你最基本的价值观和做人原则。你不会因为什么事对自己有好处，就像变了个人似的。你一直在努力成长，做任何事都尽心尽力。

虽然我们都应对自己的行为负责，但在工作中做真实的自我并不应完全落在个人身上。雇主必须创造一种重视真实、欢迎真实、把真实的人作为榜样来学习的企业文化。在能让人有上述体验的工作场所，员工的"工作满意度和敬业度会显著提高，工作时的幸福感也会更高，社群意识会更强，灵感会更多，而工作压力则会更低。人们越多地和别人分享自己的生活，在工作场所的体验就会越好。"社会心理学家瓦妮莎·博特（Vanessa Buote）指出。与此相反，如果员工感到倦怠、情绪衰竭、愤世嫉俗，这些都会成为企业的重大风险。

◎ 真实性的特征

来看一下塔梅卡的例子。在关于塔梅卡的季度绩效讨论中，她的老板布伦特（Brent）建议她与教练合作，培养自己的高管风度。布伦特根据最近对塔梅卡的观察提出了上述建设性意见，塔梅卡的一位业务伙伴也有同样的建议。塔梅卡担心与教练一起工作意味着她做错了什么，但布伦特向她保证，他相信她的潜力，并希望帮助她在工作上进一步成长。

布伦特给人提建议一直都是出于好意，他为团队成员提供了按照自身风格发展的空间；他努力确保自己不会一直站在聚光灯下，取得成绩时会毫不吝啬地归功于整个团队；他敢于承认自己犯过的错误和遭受过的挫折，经常分享自己在这些方面的成长经历。塔梅卡最终同意和教练合作，并表示很高兴能有这个机会。

真实性有 3 个和影响力相关的关键特征：动机真实、谦逊和一致。

动机真实

当怀着真实而诚恳的动机或行动理由时，你才能产生最有效的影响力。你会真正关心所获得的结果是否对所有相关人员都有好处，从而最终有利于整个团队。你的目标不会给人造成伤害，你的动机不是为了个人私利。

桑迪·斯普林银行的桑迪·马克西说："我的目标和目的必须和我试图影响的人一致，同时要满怀热情地为此付出真正的努力。在这件事上，共同目标和互相尊重是必需的，否则就成了胁迫和操纵别人。如果只是为了自我膨胀、获得荣誉或权力去影响别人，那就会变成胁迫和操纵，最终会破坏你们之间的信任和关系。"

谦逊

人们希望别人看到与他们为伍的人自身都是品行端正的人。人们普遍认为，要想影响别人，自己首先要做一个值得信任的人，要让别人觉得你有能力、有自信，还要谦逊。这种印象很大程度上是基于你的行为、决定和举动有多符合人们心中性格好的人应遵守的指导原则。这些原则通常是在大多数企业文化中普遍存在的行为标准，包括正直、诚实、可靠、值得尊重、可信和谦逊等特征。

谦逊表明你不会试图高高在上地对别人施加影响。你以一种关心他人需求、尊重他人理想、为他人创造发展空间的方式与人交往。

一致

真实性也可以通过一致性表现出来。在与同一个人的交往中，你的言行是否前后一致？在相似的情况下与不同的人交往时，你是否也能一致对待？你是否会因为与你交往的人变了，而随之改变自己的行为？

 请思考 你会怎样描述真实的自己?

我们寻求一致性,这样就能对即将发生的事情有所准备。当你做到了前后一致,就能建立起信任,别人就知道每次发生这种情况时,谁会出现在他们面前。

◎ 提升真实性的步骤

以下 3 个步骤可以引导你提升自己的真实性。

1. 发现真实的自我。

2. 学会适应,但别做作。

3. 保持谦逊。

发现真实的自我

影响力需要你首先有一定的自我意识,这样才能知道自己的真实风格是什么样子的,从而以自己的真实风格与人交往。来自他人的评价和反馈对了解自我很有帮助。

"真实性始于自我意识:首先知道自己是谁,包括自己的价值观、情感和能力；同时知道别人是如何看待自己的。"丽莎·罗什（Lisa Rosh）和林恩·奥弗曼（Lynn Offermann）解释道。他们还建议人们反思一下自己的生活、个人经历和职业经历是如何塑造自己的价值观、信仰和行为的。

关于性格驱动、行为驱动、沟通偏好和情商方面的深度评估，有助于你在此基础上深入了解自己。处在有影响力的位置上，可能会让人感到有一定程度的压力，进行这类评估有助于了解自己的自然行为倾向，以及如何适应环境中的压力源。

关于性格和行为风格的评估有助于人们了解自己喜欢以怎样的方式处理问题。生命的最初几年是性格形成最重要的时期，主要围绕以下5类特征发展：古板还是开放、有没有责任心、外向还是内向、性格随和还是不易相处、神经质还是情绪稳定。在这5类特征中，又可以用32种品质对人的性格做了进一步的细化。这些特征和品质在心理学中广泛使用，它们体现在一个人的态度、信仰、价值观和行为中。行为评估通常可以测量你在压力下如何应对外部因素和处理外界情况。评估报告里通常还会包括你对沟通方式的偏好，为你提供如何更有效地与他人沟通的建议。

当你明白了自己的动力来自哪里、行为受什么驱动，就会更加了解自己为什么会做这些事情。什么驱动你每天起床上班？什么驱动你为一场比赛拼尽全力？《TTI 成功洞察》（*TTI Success Insights*）指出："动力可以来自让你充满热情的生活，让你觉得重要的事情，或者为你提供人生目标和人生方向的思想。"动力是你的心态和世界观的一部分，能够影响你的思想、决定、行为和举动。你并不一定总能意识到自己的动力，别人也不一定能看得出。基于人类动机标准化类别的评估能揭示你的主要驱动因素、情境驱动因素，还有那些你不关心的因素。请注意，你和他人的动力并不一定相同。试着了解他人的动力是什么，并尊重你们之间的差异。在与他人交往的过程中，你要利用这些信息保持灵活性。关注对别人来说什么是重要的事，有助于提高你的影响力。

情商评估能让你了解自己的情绪意识水平，不同的行为会让你产生怎样的情绪，你是否擅长观察自己和别人的情绪，是否能够根据与人交往的需要管理自己的情绪。根据《TTI 成功洞察》："情商是一种感知、理解并有效运用自己和他人的情绪力量以及敏锐度的能力，能提高协作水平和生产力。"

丹尼尔·戈尔曼（Daniel Goleman）是情商研究的带头人，也是《原始领导力》（*Primal Leadership*）、《与情商合作》（*Working With Emotional Intelligence*）等书的作者。他列出了情商的 4 个范畴。

- **自我认知**。能够识别和理解自己的情绪，知道情绪如何影响自己的工作和与他人的交往。

- **自我管理**。能够控制自己的情绪和行为。

- **社会意识**。能够识别他人的情绪和团队中的社会结构。

- **关系管理**。能够建设性地管理与他人的交往，与他人建立联系。

情商是一种可以培养的技能，对影响力非常有帮助。与自己的情绪步调一致，在与他人的交往中能够管理好情绪氛围，这让你能够看清形势，调整适应。

他人的反馈与自我评估结合起来使用更有帮助。360 度评估让你有机会获得和你有工作关系的人的反馈，包括同事、老板、你为其提供服务的客户和顾客、供应商。这能让你充分了解他人在与你合作时体验如何。

你还需要检查一下自己承受的压力。有时，在感到有压力、处于不舒服的位置或处境时，人们会产生类似变色龙一样的反应。当压力上升时，我们对自己的情绪和行为的控制力会减弱。意识到压力的存在很重要，这样可以防止变成自己不想成为的那种人。你可以做一次压力评估，看看自己的压力水平，找出可能导致压力的因素。

不管做了什么评估，都要仔细研究评估结果，利用这些信息来了解自己的真实风格。你属于哪一类人？在什么情况下你感到最舒服？什么情况会让你感到压力上升，导致你调整自己的行为？评估报告中的建议有助于你加强与人沟通，改善人际关系。能在忠于自己本性的同时保持灵活性并适应他人需求，这是一种技能，掌握这种技能需要相应的知识和行动。

接着，从这些信息中，找出能反映你本性的特征。思考一下，这些特征是否符合你当前的名声，以及你想要获得的名声。当人们提到你时，你希望自己在别人心中是怎样的形象？在与人交往中，哪些品质让你为自己感到骄傲？在这些品质中，哪些与你的性格和价值观相符？这些品质如何匹配你的职业风格和领导风格？你需要如何调整自己的风格，使之符合公司的文化、价值观和需求？

凯伦（Karen）非常感谢她在职业生涯中期从导师那里得到的反馈和建议。在他们刚成为师徒时，凯伦的导师找到几位值得信赖的同事，了解他们与凯伦一起工作时的感受，从而对凯伦的名声和发展机会有了初步的了解。从这些反馈中，凯伦发现人们觉得她非常注重细节，有时会有完美主义倾向，在开会和一对一交流时，她很难看出别人的需求并进行相应的调整。她怎么会给别人留下这样的印象呢？

凯伦的导师建议她和自己的老板就这些反馈意见谈一谈，看看是不是大家对她都这样评价；还要和她的人才发展合作伙伴商量一下，看需要做哪些评估最合适。凯伦发现自己确实对工作细节有强烈的偏好，这可以从她整理办公室和规划工作的方式中看出来。

她还意识到在和别人交流的时候，她不太注意自己的脾气，处理方式不当。人们觉得她更像一个"任务控制器"。凯伦利用这些反馈来学习如何更好地感知身边发生了什么，在与人合作时增加灵活度，同时保持自己在计划性和组织性方面的个人标准。

学会适应，但别做作

作为人才发展专业人士，你的工作是致力于为他人服务，因此必须关注他人各种各样的需求。你会发现自己需要与不同同事和各个部门合作，处理他们各种各样的需求。你的目标是能灵活应对各种情况，这样才能更好地满足他人在工作发展和人际关系方面的需求。

倾听并理解他人的需求，才能做出恰当的回应。了解他人的行为模式和动力来源。根据获取的信息，调整你的互动方式和沟通方式。不要太在意面子上是否过得去，如果计划不起作用或者不适应当前情况，就要果断调整计划。

做到言行一致。有句老话，"言为心声，心口合一"，放在这里再贴切不过了。你已经明确了哪些品质能真正代表你的本性，你的言行举止就应该符合那些品质和价值观，确保自己言行一致。

实时检查或事后反思自己是否做到了这一点。注意同事是如何评价你的，对你的言行有何反应。他们与你交往时是轻松自在，还是紧张焦虑？这时候，你的情商技能就派上用场了。找出那些可能会引起行为改变的想法或情绪，有时候也可能是外部因素导致的，比如特定的情况、环境或某个特定的人，等等。

你能影响他人的行为，但不能控制他们，你唯一能真正控制的只有自己的行为。你是否能影响别人，或者是否会被别人影响，在很大程度上取决于你与这个人的关系。

然而，这其中也有一个平衡。吉米·纳尔逊提醒人们不要滥用真实性。"我见过有老师对学生说，'这不是我的授课方式，所以这门课我们不能这样上'。这里出现的自我意识表明这位老师认为'我才是这门课的老大，你不是'。真实性固然重要，人必须做自己，但这个'自己'同时也必须能满足他人的需要。"

保持谦逊

谦逊是让注意力从自己身上转移到别处，不过分看重自己，不夸大自身的重要性，但同时对自己有信心，并以谦虚的方式表达出这种自信。瓦妮莎解释说："如果领导者做人真诚，勇于承认自己的错误或失败，其他人就会觉得他们这样做也没问题，工作场所的标准就改变了。"

在通往谦逊的路线图上，第一步是重新联结自己的目标。有目标的生活才有意义，目标帮我们发现自己能为工作和生活贡献的价值。当我们与自己的目标相联结，并为实现这一目标而努力时，就会自觉为此调整动机。

作为人才发展专业人士，你的目标是让自己所服务的个人和企业得到成长和发展。那么，你就应该专注于为实现这一目标做出成果。你真心希望别人能变得更好，为帮助他们实现这一点，你就要充分发挥自己的作用。

你为什么要做这份工作？当你为他人的发展作出贡献时，这对你意味着什么？当你专注于自己的目标，为了他人的利益而不是个人利益而奋斗时，你就能表现出谦逊的气度，拥有真实的自我。

◎ 两种极端情况

有两种极端情况会影响你展示真实的自我。一种是你发现自己感到自卑，像个冒牌货，谦虚得甚至有些过分。另一种是过度自信，你认为必须让人觉得一切尽在你的掌控之中，或者必须事事优于他人。我们来看一下这两种极端情况。

冒名顶替综合征：要注意什么

"得了冒名顶替综合征的人认为他们不配拥有这些成就，不值得如此受人尊敬，觉得自己不像别人认为的那么有能力或有智慧，并且很快人们就会发现他们的真实面目。"[《今日心理学》(*Psychology Today*)。] 这些人认为，他们是因为一些外部因素，比如运气，在正确的时间出现在正确的地点，或者擅长说服他人，让他们获得了目前的职位或地位，但他们实际上并没有资格获得这样的尊重。也许这会让你想起自己在职业生涯中感到自卑的某个时刻。

最有可能患冒名顶替综合征的是女性群体。心理治疗师布莱恩·丹尼尔·诺顿（Brian Daniel Norton）认为："当你感受到系统性压迫，或总被直接或间接地告知你不够成功，或当你即便取得了一些成就也会觉得这不符合你长期以来对自己的认知时，你就得了冒名顶替综合征。"此外，由于企业文化长期以来在非主流群体中的普及度极低，他们往往很难认识到自己的能力，或者觉得机会不是为他们准备的。

这类人可能会看低自己目前的工作经验，或不认为自己有资格获得某个职位。一些人觉得他们学历不够高，经验不够丰富，技术不够好或者能力不足，总之自己不够格。

冒名顶替综合征可能在一些特定的环境中更为常见。有些人在家庭、社交圈子和志愿者圈子中，可能不会显现冒名顶替综合征，但到了工作中，情况就大为不同了。

贾鲁万·萨库库（Jaruwan Sakulku）和詹姆斯·亚历山大（James Alexander）在《国际行为科学》（*International Journal of Behavioral Science*）杂志上发表过一篇文章，名为《冒名顶替者现象》（*The Impostor Phenomenon*）。他们写道："70%的人在生活中的某个阶段会患上冒名顶替综合征。职业倦怠、情绪衰竭、内在动机丧失、没什么成就，包括无法取得成功的内疚感和羞耻感，这些感受都会因冒名顶替综合征的周期性循环而加重。"

自我贬低会让别人觉得你没有自信，肯定不能给人带来积极的影响。在这种状态下，你会更倾向自我保护，更在意别人对你的看法，也就更难以展现出真实的自我了。

冒名顶替综合征对人才发展专业人士来说是个挑战。有时，你可能需要就如何提高个人技能向高层领导提出建议，或需要在你专业领域之外办一些技术培训。与他人的经验和知识相比，你可能觉得自己没有资格充当专家的角色。

如何克服冒名顶替综合征？在我培训有冒名顶替综合征的职业人士时，我们首先探究的是这个病是如何找上他们的，哪些因素可能是病因。

- 认识并承认有时感觉自己是个冒牌货让你觉得很难受。有自我认知才能解决这个问题。

- 别人对你有什么期待，你又对自己有什么期待，两相对比协调，做出一个合理的安排。让人们知道你正在处理什么工作，为什么你可能无法在规定的期限内完成任务。让他人的期待和你自己的安排协调一致。

- 与他人协商制定切合实际的目标，互相交流最新进展，如果你遇到了困难，早点让别人知道，协调确定一个新的截止日期，这有助于减轻压力，让项目回到现实的轨道上来。

- 对自己宽容一点，要知道并非每件事都能做到完美，有时难免出错。当事物的发展未能如你所愿，反思一下原因可能是什么，给自己留些学习改进的空间。

- 向人求助，不要总是单打独斗。找你的老板、值得信任的同事、导师或教练帮忙。同事通常都会非常愿意提供帮助，他们只是在等你先开口；老板可以帮你消灭那些你没有职权去解决的障碍；导师可以听你诉苦并给你提供反馈意见；教练可以帮你克服冒名顶替综合征。

- 专注于你可贡献的价值，而不是个人能力或技能。你的个人努力对获得成功有什么贡献？问问别人对你工作的看法。

优越感：你会有风险吗

一种极端情况是认为自己所知比所做的多，或认为自己比别人更优秀，更值得拥有这一切。优越感是一种虚假的自信，其背后没有任何成就的支撑。

对一些人来说，被视为优越就证明了他们的自我价值。他们证明优越感的行为实际上掩饰了内心的感受，不想让人看到他们对自卑、尴尬和失望的恐惧。我们都有不足之处，也都经历过失败。有时你不想让别人发现你的缺点，不想被识破。面对一些情况时，你没有诚实应对、努力解决，而是为了有面子，假装一切都尽在掌握中。

或者你可能有一种权利意识，感觉自己比别人更值得拥有这一切。权利意识可能来自团队中的等级制度，也可能来自社会文化规范。

有哪些信号表明你可能有优越感？如下所示：

- 经常吹牛。

- 贬低他人，弱化他人的想法或贡献的价值。

- 经常需要寻求他人的认可。

- 粉饰自己的错误，经常把责任推到别人身上。

- 试图控制他人或控制局面。

- 在别人说话时打断他们，或不允许别人充分表达自己的思想和看法。

- 情绪不稳定，经常感到自卑或愤怒。

要克服优越感，请考虑采取以下步骤：

- 在感觉自卑的同时，还想让别人认为自己有能力，这种心理上的巨大落差有时让你很难受——认清并承认这一点，自我意识能帮你解决这个问题。

- 诚实看待自己的优缺点。找一些你信任的人，问问他们对你有怎样的观察感受，与你交往时感觉如何。以开放的心态接受他们的反馈，防御性不要太强。在你与他人交往时，观察他们的反应，评估一下这种交往

是建设性的还是破坏性的。怎样才能让别人在和你交往之后增加自信,而不是缺乏自信?

● 认识到你的自负。自负和傲慢相伴而生,谦逊才能带来真正的能力和信心。

● 管理自我期望。不要觉得自己必须比别人好,或者必须让别人觉得你很完美。你和同事并不总是竞争关系,你也有需要学习和成长的空间。你要把精力放在出色地完成工作上,不能仅仅在口头上宣称你做到了。

● 要明白当你与和自己专业互补的人联合起来时,你就会变得更加强大,拥有更大的影响力。你不必也不可能什么都知道。今后你当了领导,你的目标也不是成为一屋子人里面最聪明的那个,而是把最聪明的人聚集到自己身边,让他们施展出自己最大的能力。

● 发现他人的价值并尊重他人。尊重他人,才能为自己赢得尊重。做一个成熟的人,无私地为别人庆祝成功。别人能成功是件好事,这会提升团队和企业的潜力。

● 学会爱自己。在真实的自我中,我们不怕展示自己的不足和失败，承认它们，从中吸取经验教训，并在下一轮出击时改进。努力成为一个值得别人尊重的高尚正直的人，你有这个潜力。

艾米·希利迪写道："关于那些有少许不足并敢于承认这一点的人，我倾向于以更宽容和更开放的心态对待他们。我尊重他们的做法，这样做会显得更人性化。这也会让人更信任他们，因为他们不像那种冰冷坚硬的铁板墙一样，似乎从来不会犯错。所以，即便他们有不足之处，对于他们的意见和主张，我也会很看重。"

◎ 力争实现双赢

当你与他人合作，协商确定想获得怎样的成果时，要从双赢的角度出发。你们双方都能从中受益吗？结果会让双方都比以前更好吗？

例如，你的一位同事非常乐于助人，你也经常帮助他。你要参加一个会议，介绍你最近主导的项目获得的成果。这个项目和演示文稿对你来说非常重要。一些重要领导也将出席这次会议，而你想为他们留下深刻印象。在为这次会议做准备的过程中，你需要有人帮忙。于是，你劝说这位同事来帮助你。"这个项目在高管团队中有很高的关注度。我们部门为这个项目付出了很多努力，取得了丰硕的成果，必须给他们留下一个好印象，这非常重要。别忘了我们之后还要开展销售能力培训，需要获得资金支持。"

你的这位同事已经参与项目有一段时间了，对相关各方比较了解。你们花了几个小时做分析、做幻灯片。同事帮你一起检查细节，帮你做演讲准备，确保你掌握了所有的背景信息，并准备好了如何应对领导的提问。进入会场时，你感到信心十足。演讲进行得非常顺利，你向大家展示这个项目有多成功，领导被深深打动，问你都有谁参与了结果汇总工作。你骄傲地报出了同事的名字，与他分享荣誉，并对他的支持表示感谢。这个结果让你非常兴奋，迫不及待赶回去和团队一起庆祝。

◎ 提升你的真实性

真实性对于人才发展专业人士来说非常重要。你的基本任务是帮助他人发现最好最真实的自我，并得到成长和发展。"人才发展指的是让他人获得知识、技能和能力，帮助他人开发潜力，实现发展，他们所在的团队也能取得成功，发展壮大。"如果你只忙于隐藏真实的自我，就不会知道该如何帮助别人。在遇到紧急情况时，你需要能够更好地认清形势，明白自己需要做什么，并以真实的自我敏捷地做出响应。在别人的人生旅途中，你塑造的好榜样可以带给他们力量，而坏榜样则有可能让他们遭受打击。

无论你是在培训班授课，还是做一对一辅导，都要诚恳地承认你自己也还在学习之中。你应该站在教室前告诉参训学员他们应该做什么，不要为了获得可信度装出一副自己什么都懂的样子。这是一个共同发现、共同学习的过程，应该请其他人一起为此贡献知识。

◎ 总结

忠于真实的自己，不要因为别人对你有什么要求，或者你身边的人怎么样，就随便改变自己基本的价值观和做人原则。你只需要不断地努力成长，尽力做到最好。一个真正有影响力的人是真心关心他人的，更关心能否得到与他人互利

的结果。

真实性要求你在遇到情况时明白自己需要做什么，并能够根据你的价值观和企业的文化规范做出调整，这项工作最能帮助你了解如何利用自己的热情，这就是下一章的主题。

第八章
热情投入
CHAPTER 8

康苏埃拉在公司工作了 20 年，为客户服务了 20 年。康苏埃拉忠于她的客户，客户也对公司及公司的许多产品保持忠诚度。康苏埃拉热心帮助客户，花了很多时间尽其所能帮客户解决发货不准确和延期交付问题，但她不可能持续提供这种高层次的个人专属服务。

考虑到丹尼尔向最高管理层传达的内容比较复杂，康苏埃拉担心丹尼尔可能不会像以前那样费心从团队中选派最了解情况的同事来解决客户交付问题。至少在目前，康苏埃拉还必须继续亲自投入一线工作并从自己的团队里找资源。

但丹尼尔同样也是真正关心公司的客户，康苏埃拉怎样才能让丹尼尔相信，她在热情服务客户的同时，也关心整个公司的成功，不仅仅是为了自己的团队呢？只有组建项目团队，将两个部门最优秀的人才汇聚在一起，共同探索并实施解决方案，他们才能拥有快速扭转局面所需的专业技能和知识。

康苏埃拉听丹尼尔讲他的想法。丹尼尔谈到他的重点工作、担忧的问题和整体目标。康苏埃拉耐心地当听众。两个人讨论了客户交付问题会如何影响业务，长期存在的服务问题将如何进一步影响丹尼尔的新供应链流程。丹尼尔的团队太专注于扩大供应基地规模、开发新路线、启用新物流软件，完全没有意识到康苏埃拉团队遇到的客户交付问题竟然已经如此严重。

丹尼尔开始意识到他和康苏埃拉的利益诉求其实是一致的。他也认为他们有很多工作需要做，而且他的团队需要起带头作用，解决这些问题不是一两天就能完成的。鉴于公司还在推进其他大型项目，丹尼尔不确定能从哪里获得他们需要的资源。康苏埃拉向丹尼尔保证，她的团队已经全部到位，时刻准备提供帮助。其他部门也愿意参与进来。康苏埃拉和塔妮莎完成了让项目开始运行的初始工作。丹尼尔和康苏埃拉请塔妮莎帮忙确定人才需求，他们把项目团队拉起来之后，马上就要开展团建，让他们迅速开始合作。塔妮莎告诉他们，她会全力配合他们的工作，采取一切手段为他们想要实现的目标增加价值。

康苏埃拉终于松了一口气，有种在隧道尽头看到了一丝光明的感觉。

◎ 热情投入为什么对影响力很重要

热情投入表现为，愿意为自己认为重要的事情付出时间和精力。在热情的驱使下，你会尽全力做到最好。热情能激发好奇心，让人渴望学习和成长，这样你就可以运用所学知识在工作中作出重要贡献。愿意和团队一起努力为大家争取最好的结果。你的驱动力来自希望产生重大结果的影响力，并且专注于实现这个目标。

"热情是一种发自内心的感受，是你的激情和动力。你不仅要对自己的工作有兴趣，还要把热情投入工作中去。"信息技术经理山姆·格里尔（Sam Grier）写道。

充满热情的员工在工作中会为实现更高的业绩水平付出精力和努力，企业也会因此受益。德勤的报告《工作中的热情》(*Passion at Work*) 称:"(充满热情的)员工既有韧性,又有学习和改进的目标,有助于企业适应市场持续不断的挑战和干扰,并发展壮大。"

热情不是一种静止的状态。一个企业的文化、政策和实践(无论正式与否)都可以激发或削弱员工热情。领导者必须创造合适的环境,让员工的热情蓬勃发展。

当你满怀热情地投入一项事业时,就会真正关心这项事业和它能获得的成果。有一个目标驱使着你。你之所以深深投入,是因为你为一项事业、一次个人经历付出了感情,或者因为你觉得这项工作能让你实现人生目标。

在我的职业生涯中,导师和赞助人为我个人发展和职业发展提供的帮助及付出让我受益匪浅。我觉得我也有责任,并且应该热衷于帮助他人实现职业目标。因此,在哈门那医疗保健公司和通用电气公司工作的那些年里,我一直担任其他人的导师和赞助人。被裁员后,这种热情变成了我的人生目标,也是我直到今天还在从事的事业,激励我以教练、培训师、演说家、博主和作家的身份,投入时间、精力和资源来分享知识,培养其他职业人士。

早些时候,教育是一项极其重要的事。在父母的养育下，我和兄弟姐妹都获得了大学学位，拓宽了人生道路。我们的母亲是一名启蒙老师，对我们社区的幼儿早期发展工作充满热情。通过家访，她与班上孩子的家人建立了联系，她非常关心孩子们。在这些关于教育、服务和关心他人的价值观的影响下，我成了非营利组织的运营志愿者，还加入了它们的董事会，这些组织的使命是致力于青年人的教育和个人发展。我还在大学里担任未来商业领袖课程的讲师。

盖洛普 2017 年敬业度研究报告《美国职场现状》(*State of the American Work place*)，揭示了员工敬业度的 12 个驱动因素，其中一个因素是：公司的使命或宗旨让我觉得自己的工作很重要。人们希望自己的生活有意义，大部分成就感需要从工作中获得。因此，重要的是为企业定义一个目标驱动的使命，并让员工对这个使命投入个人感情。

领导者能极大地影响员工与企业的使命和价值观之间的情感联系。与员工合作，把员工的工作和个人热情与企业的使命联系起来。真正有意义的目标能激发起热情，并激励自己和他人为实现这个目标付出最大的努力。

不管在什么情况下，你试图影响别人时，别人都能看出你是否真正相信自己说的话。他们寻找蛛丝马迹判断能否相

信你。为什么要听你的？为什么这对他们很重要？你说的话你自己相信吗？你诚实吗？

　　热情投入并不是说你必须表现得像一个嗓门最大、声音最响的啦啦队员。但是，你应该让别人看到你对自己传达的信息有坚定的信念。你的投入让别人知道你的立场、观点或想法是否值得他们为此付出自己的时间。把你的观点讲清楚，做到言行一致。不管有心还是无意，你说的话、做的事，都能传递出某种信息。你可能嘴上强调某件事很重要，但你的肢体语言、能量水平、面部表情甚至语言，却释放出相反的信号。与人交往和影响他人时所需要的能量和意图，都能靠有意义的目标和热情激发出来。

◎ 热情投入的特征

　　让我们深入了解一下热情投入的相关特征：从目标中找到热情，有能力作贡献、对结果进行个人投入。

从目标中找到热情

　　在电影《心灵奇旅》（*Soul*）中，主角乔·加德纳（Joe

Gardner）正在寻找自己的人生目标。乔认为自己的目标是
与流行爵士乐队一起演奏，能获得这个机会对他来说意味着
一切。当乔最终获得了表演机会之后，这并没有给他带来预
想中的成就感。乔必须深入思考自己真正的目标是什么。乔
最初专注于自我实现，当他意识到自己的人生目标和真正的
热情所在是帮助别人发现并实现他们的目标时，终于获得了
内心的平静。

　　你只有清楚了解并在乎你为之投入的事物，才能满怀热
情地投入其中。你需要一个有意义、令人信服的理由——一
个"初衷"。当你试图影响别人时，只有联结到他们的"初
衷"，影响力才能产生效果。人们只有在相信自己会有情感
上或物质上的收获时，才愿意全心全意地投入时间或资源，
人也是被目的驱动的。当关注点不在自己身上，而在别人身
上时，你才能产生更大的热情。

　　就像乔·加德纳的旅程一样，你在人才发展方面的工
作重点是帮助别人发现并充分发挥他们的潜力。看到在你的
帮助下别人实现了成长，是你最大的成就感来源。很多人才
发展专业人士告诉我，帮助他人获得成功能激发他们的工作
热情。时间管理培训的一项三级评估发现，减少干扰因素，

能让参与者工作效率更高。从基层工作提拔起来的管理人员，在进行工作授权并给出明确指令、减少团队工作量和提高团队士气方面更有信心。这样的例子通常会成为你的"初衷"。你看到了别人身上的潜力，鼓励他们，把资源分享给他们，支持他们实现目标。

完全靠指挥和控制做领导的时代已经一去不复返了。以前，人们选择什么工作完全是为了那份薪水，上班下班，按要求做事。而在当今这个参与度更高的工作环境中，员工更希望与人协作，让工作更有价值。德勤的研究报告《领导社会企业：以人为本进行重塑》，描述了员工如何向企业发起挑战，认为企业不应该只关心实现了多少利润，还要负责提升员工对企业目标的参与度。如果一个环境能让员工为实现有意义的目标而热情投入工作，这个环境就激发了员工的承诺感，而不仅仅是顺从。

西蒙·辛克（Simon Sinek）在 2009 年著名的 TED 演讲《伟大的领袖是如何激励人们行动的》（*How Great Leaders Inspire Action*）中，解释了目标对影响力的影响。他说，所有伟大的、有鼓动性的领导者和企业都是从人们的"初衷"出发。"说到'初衷'，我指的是，你的目的是什么？你的出发点是什么？你的信念是什么？ 你的团队为何而存在？你早上起床的动力是什么？还有，为什么要关心别人？"人们的"初衷"为他们的目标下了定义。他们清楚自己的目标，不是利用产品、服务或流程，而是基于这一目标来与人沟通，影响他人。他们从解决问题出发，关注的是为什么解决了这个问题能让生活变得更好。他们不是只顾着自己，而是让所有相关人员都能从中受益。

"人们对你'做了什么'并不买账，他们关心的是你'为什么这么做'。"辛克解释道，"所谓领导者不同于有领导力的人。领导者是掌握了权力或权威的人，但能激励我们的是那些有领导力的人。我们之所以追随那些有领导力的人，不管他们是个体还是组织，不是因为我们必须这样做，而是因为我们想要这样做。我们这样做不是为了他们，而是为了我们自己。正是那些把'初衷'作为出发点的人，才有能力激励周围的人，或者找到能激励自己的人。"

请思考

让你愿意尽全力而为的动力是什么？
你用什么方法来了解与你共事的人的"初衷"？

有能力作贡献

那些热情投入的职业人士，除了有这样做的意愿，还要有能力作出有意义的贡献。他们将自己的技能和知识应用到各自的专业领域，专注于在自己的专业领域中尽可能多地作出贡献。

他们不断深化自己的专业知识，增加自己作贡献的潜力和贡献的价值。他们不断地找机会提升自己的知识和技能，以便在应对挑战时能够提出不同的想法。

热情高涨的个体表现出"渴望对特定领域（专业领域）产生持久且不断增长的影响，并渴望在可预见的未来参与该领域的工作"。这就是德勤的报告《工作中的热情》中所指的领域承诺。

当你对自己的专业或行业有了深入了解时，你就能够对同一种情况从不同的角度审视，能在机会到来之时提出最精彩的问题，分享最合适的想法。如果你以自己的专业知识闻名，人们就可能会来找你征求意见或建议。人们会认为你是一个有能力的人，你能恰如其分地把知识用在需要的地方，而且你是值得信任的——这样的名声有望给你带来更大的影响力。

杰奎琳（Jacqueline）在保险行业从事学习、发展评估和分析工作已经有 15 年了。除了人才发展工作的认证，杰奎琳还拿到了数据和商业分析方面的证书。她经常翻阅行业和技术期刊，并在行业论坛的小组会议上发言。凭借自己在人才发展方面的技术专长和知识积累，杰奎琳经常为公司新项目的早期开发提供建议。她还经常尝试新的评估技术，并且为团队带来新想法。杰奎琳在自己工作领域的热情，以及为同事的进步作出的贡献，给她带来了丰厚的回报。

如何与他人合作对能否增加价值也起着重要的作用。在和团队成员互动的时候，能否和他们的"为什么"产生共鸣，能否让他们买你的账，人际交往能力是重要的影响因素。

对结果进行个人投入

热情投入的人会为取得成果投入个人时间、精力和资源，他们以结果为导向，希望看到成效。在他们看来，不论是从个人角度还是职业角度，投入和回报都应该是对等的，因为他们认为自己的工作和努力换来的结果非常重要，所以愿意为获得成功而努力。

　　宝拉（Paula）是一家全国零售连锁店的人才招聘专员。她的雇主正在扩大门店规模，这意味着她的团队将忙于与当地的门店合作、招募新员工、办理员工入职事宜。这对公司来说是一个激动人心的时刻，宝拉渴望成为其中一员。他们虽然是在为公司的扩张事宜提供服务，但仍然只能以业务合作伙伴的角色出现，为分配给团队的人才获取资源提供支持。宝拉明白合适的员工对于新门店的成功有多重要，她以前看到过用人不当造成的后果。根据扩张的规模和让人才快速到位的需求，他们需要在方法上有所创新。人才招聘市场竞争激烈，公司定位的好坏对于能否吸引到理想人才至关重要。

　　工作上的挑战激发了宝拉的斗志。她准备迎接挑战，确保能够胜任这份工作，最好更多时间探索创新。她与团队的一些成员合作，研究其他行业人才招聘的最新趋势，看看有哪些策略可为他们所用。他们通过自己的关系网，把招聘信息散播出去。宝拉和同事紧密合作，给对方传递正能量，高效而迅速地开展工作。他们在第一个阶段取得了远超预期的好业绩，开了个好头。团队为此进行了庆祝，然后马不停蹄地转战下一个阶段。

当你热情投入时，内心的兴奋通常会显露在外，别人会好奇你的能量来自哪里，想知道更多的细节，如果能和他们的目标联结在一起，他们也会想成为其中的一部分。随着对事业投入更多热情，他们也会产生令人好奇的能量……由此你的影响力网络就扩大了。

当人们对"初衷"有深刻的信念和承诺时，就会更加不屈不挠地为实现这个愿景而努力。挫折是不可避免的，但这种信念使人有能力克服挫折。勇气往往是必不可少的。

西奥多·罗斯福的一句名言提醒了我们："世上没有任何东西值得拥有，没有任何事情值得去做，除非它意味着努力、痛苦和困难……我一生中从不羡慕生活安逸的人，但我羡慕过很多把苦难生活过得津津有味的人。"

热情越高涨，你就越想为它找到用武之地，为此经受再多挫折、付出再多艰苦努力，都是值得的。

◎ 提升热情投入的步骤

以下步骤有助于提升热情投入。

1. 探究"初衷"。

2. 提升专业技能。

3. 全力以赴。

探究"初衷"

如果不知道某事物对你而言为什么很重要，就很难对它充满热情。为什么你关心这件事（你试图影响的事情）？为什么对团队而言它很重要？

假设你是一名教学设计师，有一个项目分配给了你，需要你为加强员工的个人责任感设计一个培训方案。你可以只把这项工作当成自己待办清单上又多了一个项目，按部就班地设计出来，完成后，在清单上打个钩，然后交给辅导员，让他准备给相关部门提供培训。

但这不是你一贯的做事风格，你是一个对工作质量和工作成果充满热情的人，你意识到自己的贡献会对团队的成功产生影响。你为设计这个方案投入了很多精力，希望这个方案有助于解决一系列的关键问题：沟通不畅、无法按期完工、关系紧张。

如何做到这一点？首先，花时间去了解在工作中哪些个人贡献最重要——为实现目标和改善工作环境你能提供什么。你之所以从事人才发展工作，是因为你热衷于帮助他人成长和发展。你的经理认为公司的使命、愿景和关键目标，以及你们的团队在实现这些目标中所起到的作用，都是值得探讨的。此外，你还要与团队中的每个成员单独谈话，讨论他们如何在自己的岗位上为整个团队的成功作贡献，并了解对他们个人来说什么是重要的。你每天的工作也是整个团队能为公司发展所带来的影响的一部分。

你发现其他人对这个教学设计项目有很高的期待，你的工作有望激发行为的改变。如果你不认真对待，交出来的方案就无法达到预期效果。因此，你需要更加投入地工作，深入了解问题所在，找到最有利于激发变革且让团队成员有效合作的办法。

你还意识到，仅仅明白这个项目为什么对你很重要是不够的，还需要了解为什么解决这个问题对那些相关人员也很重要，这样才可以把解决方案和那些人的"初衷"联结起来。这就需要你对他们的需求、目标和未来潜力真正感到好奇。你所提供的帮助可以改善他们的工作或生活，帮助他们实现追求的结果，这个阶段就是你激发变革的最佳时机。

在课程设计中联结到受众的"初衷"只是第一步，下一项挑战是帮他们意识到这种联结，这时就要靠讲一个令人信服的故事了。

作为人才发展专业人士，我们在工作中的难点在于，要确保提供的建议与他人期望达成的结果相一致，这样才能影响他人。如何使用讲故事的方式，让别人知道对他们来说什么是重要的，这是他们的"初衷"，而不是你的"初衷"？不要太过于纠结故事情节是否符合事实，更重要的是能满足他们的情感需求。当你理解了他人的"初衷"，就能发现他们的情感联结点在哪里，在此基础上陈述你的理由，还要加上个人热情，有助于让你在建立联结时有真正的说服力，而这种联结有可能影响他人的决策和行为。

艾米·希利迪表示："影响力可以归结为科维的第五个习惯，先理解别人，然后才能被人理解。能够倾听真的很重要。我认为影响力不是去游说别人接受你的想法，或者按照你的要求去做，而是要了解别人或别的团队需要什么，有什么困难，然后以对他们有实际意义的方式，通过实际行动或者提供工具，来帮助他们。"

提升专业技能

随着你在自己的专业领域更深入地学习，你就会更有能力作出有意义的贡献。你可以从工作中汲取更丰富的知识和经验。同时，因为你能够更好地把自己的工作放在可实现的愿景和可获得的成果中考虑，你就对自己的"初衷"更清晰了。检视你在目前职位上实现目标和获得成果所需的技能和经验，盘点你目前的优势，以及你的知识、技能和专长能否满足你热情投入的意愿，哪些技能需要进一步提高。

莎拉（Sarah）在大学里选择了组织和人才发展专业。她很清楚在职业生涯早期接受正规教育和持续的职业发展培训对自己的人生产生了怎样的影响，所以她希望能够让其他人也获得同样的成长机会。她一直在培训师岗位上工作，组织职业发展培训，看到同事在职场上取得进步，她感到很满足。为了帮助公司员工进一步成长，她认为获得企业教练认证，能让她的技能得到有益的补充。莎拉找老板谈她的目标，他们一起考察各种关于教练的培训计划和认证，找到了对莎拉来说最理想的项目。莎拉与一些同行联系，了解他们的相关经验，听听他们的建议。她还参加了与教练认证相关的课程。几个月后，她完成了一个教练认证项目，开始培训公司员工，同时继续组织各种职业发展和技能培训项目。莎拉非常希望自己培训的员工能得到成长，鼓励他们发挥自己的潜力。她热爱自己的工作，而且做得非常出色，在整个企业中建立了信任关系，人们经常因为同事的推荐找她帮忙。

人才发展专业人士很幸运，他们能通过多种途径来提升自己的专业技能。

认证培训帮你扩充专业知识，让你更好地了解自己专业的相关背景和影响力。还有一些其他领域的专业认证，比如分析或人力资源等，也可以用在人才发展工作中。

专门技能也是在职业经历中获得的，所谓实践出真知。考虑一下关于职业道路的选择，从现在的职位往前再进两步，你希望获得什么职位？你还需要哪些工作经验、技能和知识，才能得到那个职位？要获得相应的工作经验，下一步怎么走？做些调查研究，更好地了解哪些职位对实现你的职业目标最有帮助。在与经理讨论问题时，也谈谈你的职业目标。与职业教练合作，把你的兴趣以及你的"初衷"与潜在的职业选择联系起来。找一位导师就企业内可供你选择的职位为你提供指导。和在你感兴趣的职位上工作的其他专业人士谈谈，他们的职业路径是什么？什么样的经验、技能和知识能让他们在当前的职位上取得成功？哪个职位为他们当前所在的职位做了最好的准备？

你希望获得怎样的名声？你想因什么而闻名？当人们提起你时，他们会联想到什么？这些问题的答案可以为你提供一些发展方向。

全力以赴

如果某件事对你很重要，有一个令人信服的"初衷"，你就会特别希望获得成功，愿意投入时间和精力让事情更加顺利地发展。你一直在努力提高自己的技能，现在是时候利用这些知识和才能来完成这项工作了。

查理（Charlie）在一家联邦政府机构担任学习管理系统（LMS）的管理员。他掌握了最新技术，经常作为嘉宾出现在播客上，还在行业论坛上发言。因为查理专业技能强，在成功运用学习管理系统方面有很好的口碑，现在这家机构把他从之前的私营行业挖了过来，让他负责学习管理系统。这个项目已经启动了，作为新人，查理需要尽快熟悉这个企业，还要与现有团队合作，快速验证之前确定好的系统需求。查理很快就发现，现有系统已经过时，新系统的运行能产生更大的效能，让关于员工发展的内容得到更好的管理和部署。查理在他之前工作过的企业中见识过新系统带来的这种影响，他迫切希望新雇主也能从新系统中受益。当其他人了解到这个新系统对他们有哪些潜在的帮助时，兴奋之情与日俱增，大家都希望查理和他的团队能确保新系统的顺利运行。查理需要重新调整团队的一些其他优先事项，他也会额外关注这个项目，确保成功完成任务。

就像查理那样，你要做的第一件事就是设定目标。你想实现什么目标？取得怎样的成果？让与你一起工作的人也参与到目标设定的工作中来，确保他们清楚你要去的地方。

当你对实现自己的目标热情高涨时，就会愿意与其他人一起工作。你不能只是告诉人们他们应该做什么。当你投入一项工作时，就会卷起袖子，完成自己的任务。

例如，如果你是一个非营利性组织的董事会成员，如果董事会成员中没有一位肯为组织贡献自己的时间和金钱，关于财政拨款的申请就更没可能获得批准了，因为个人捐赠表明了你对组织的使命和财务责任的信念。

同样，当你试图影响别人时，他们希望你会和他们一起

"全力以赴"，加入他们的队伍与他们一起努力实现目标。在你的日常工作中，很多工作没什么意思，但不得不做；还有一些必要的工作又多又杂，缺乏创造性和互动性。如果你愿意做这些不那么有吸引力的工作，人们会将其视为你的责任。

你正在组织一场关于如何通过倾听来改善沟通的培训，参加者发现在他们说话时你总是会插嘴，或者在别人跟你说话时走神儿，这表明你自己都不愿意提高倾听技能，那么，别人还有什么理由这样做呢？

企业中有很多工作都是依靠团队完成的。要想做到最好，你需要团队和企业中其他人的支持。好好考虑如何让其他人参与到工作中来，有时在这个过程中你更多扮演的是提供支持的角色，负责指导和鼓励他人。确保相关人员清晰了解自己的职能、责任和预期。

有时在试图影响他人的决定和行为时，我们提供了"初衷"和目标，但忘记了提供方法。如今，如果没有 GPS（全球定位系统）的路线提示，你几乎不敢到任何不熟悉的地方旅行，错过一个转弯就可能让你偏离正轨，让你失去宝贵的时间。GPS 让你清楚地看到要开多远、选哪条路线、需要多长时间，它能帮助你更好地规划行程。当前方道路施工或发生交通事故需要绕行时，GPS 还会给你提示。团队需要的也是这种指导。

通过建立情感联系，你得到了支持，产生了能量。人们已经准备就绪，但他们不一定知道如何开始，或下一步该做什么。这表明你没有向他们很好地说明这个计划。

理查德·迪森扎（Richard Discenza）和詹姆斯·B. 福尔曼（James B.Forman）在 2007 年提交给项目管理研究所会议的论文《项目失败的七个原因》中指出，项目失败的一个常见原因是团队成员没有让项目获得持续成功所需的工具和技术。这个问题在各类工作中都非常常见。

人们需要一个能指导团队实现预设目标的路线图，应该让人们参与制订计划，通过这个过程联结起他们的"初衷"。给人们提供相应的资源，确保他们明确自己的职能、责任和预期。人们需要知道这项工作对他们有什么要求，他们需要什么资源，这项工作需要花多少时间，以及在此过程中可能会发生什么。为他人开辟一条可以与你并肩作战的道路，这样你们就可以一起为目标全力以赴了。

詹姆斯·库兹（James Kouzes）和巴里·波斯纳（Barry

Posner）在《领导力挑战》（*The Leadership Challenge*）一书中提出，领导者要愿意做与员工一样的工作，这是"模范领导的5种做法"中"以身作则"的一部分。书中写道："当领导者要求别人做出改变时，仅仅靠说——哪怕煽动性再强——也是不够的。虽然有说服力的言语对提振人们的精神非常重要，但领导者应该知道，更能打动人心的是行动。在完成一件非同寻常的项目过程中，人们希望领导者能够出现，对这个项目表示关注，甚至直接参与到相关工作之中。"

愿意带头，并全力以赴。

◎ 提升你的热情投入

下一次你试图在培训建议、人才需求评估或人才获取计划方面影响领导者，或者让培训计划参与者产生行为改变的时候，一定要满怀热情地投入。

明确自己提出的建议背后的"初衷"，通过沟通使他人也明白这一点；展示出你的热情和承诺；在与人沟通时，能发现对他们来说重要的事情，通过讲一个动人的故事与他们建立情感上的联系，说明你的建议将如何帮助他们实现自己的"初衷";增进技能和专业知识,让自己投入的时间和精力能够有效地帮助别人成长。

◎ 总结

虽然目标或"初衷"能激发你对工作的热情,但你还需要通过帮助别人实现他们的"初衷"来获得进一步的提升。承诺、专业知识得到认可和成就相结合,能够进一步激发你产生影响力的潜力,扩展你的接触范围,并将我们引向第九章的主题。

第九章
参与多元和包容的职场社群

CHAPTER 9

旨在为客户提高准时交货率和订单准确性的项目终于启动了，各项工作需要迅速推进，让沮丧的客户能够尽快感受出康苏埃拉和丹尼尔设想的全公司范围内的变化。两个人建立起了正式的项目章程，并且开始与塔妮莎合作制订人才招聘和发展计划，他们又检查了一遍相关的数据分析，以便确定各岗位职能所需的专业知识和技能组合。这将是个多样化的团队，除了康苏埃拉的客户服务团队和丹尼尔的供应链团队，项目还需要其他部门的员工参与，要从产品管理、生产制造、财务、质量和服务部门借调员工，还要安排几个不同班次的员工。他们还需要与人才发展部门合作，因为流程更新后要重新对员工进行培训。

　　很多部门都有供"借调"的专用员工，他们经常被分配到不同的项目中提供支持。但塔妮莎希望确保这个团队选用的人员包括那些通常没有机会参与关注度高、业务重要性高的项目的员工。一些优秀的多样化人才往往被忽视，从而无法充分发挥才能，他们需要经验和曝光度，让人知道他们能为公司作出贡献。

　　项目团队人员配备完成后，塔妮莎与丹尼尔团队派来的项目负责人布雷特（Bret）一起策划项目启动会和团建活动。团队中有几名员工以前从没有一起工作过，公司存在部门之间各自为政的问题。因此需要做些工作让团队成员相互信任、相互支持、共享信息和资源。塔妮莎同意在整个项目期间指导布雷特，确保他能有效地与团队一起解决这些问题。

　　人们前来参加启动会议时，塔妮莎欢迎加入这个多样化社群的每一位员工，大家的专业知识和性格特点汇聚成一个独一无二的团队。塔妮莎、丹尼尔和康苏拉很想看看这个团队能取得什么样的成果。

　　作为社群建设流程的一部分，布雷特单独约见了每一位团队成员，了解他们的个人情况、职业背景、为什么想加入这个团队、有什么技能，以及认为自己可以怎样为团队增值。布雷特谈到了为什么这个项目对企业如此重要，以及他认为团队可以参与其中的方式。布雷特还为各种意见和想法的提出创造了空间。在团建的过程中，大家讨论了对彼此有什么希望，考虑了每个人的特点为团队带来的交叉多样性，并决定以怎样的方式尊重彼此，尊重大家在观念上的差异。他们必须建立一些新的团队规范，确保大家作为一个社群更紧密地合作——虽然他们各自的部门并不一定习惯以同样的方式合作。

在这个项目团队基础上建立起来的社群，会影响到他们日后在需要时能够从其他部门获得怎样的支持，团队的多样性是他们最终能完成怎样的目标所能依赖的最重要的资产之一。

◎ 职场社群为什么对影响力很重要

职场社群是什么？为什么对影响力很重要？提到自己加入的群体，你可能一下子能列出来好几个——专业协会、母校的校友会，甚至还包括你的工作团队。有共同兴趣的人聚集在一起就有可能形成一个群体，但这个群体却不一

定能称得上是社群。

什么让群体成为社群？

卡罗琳·沙弗（Carolyn Shaffer）和克里斯汀·阿隆森（Kristin Anundsen）在她们的著作《在任何地方都能建立社群：在支离破碎的世界中寻找支持和联系》（*Creating Community Anywhere: Finding Support and Connection in a Fragmented World*）中，这样描述社群的行为，即社群是一个动态的整体，人们在其中：

- 遵照惯例做事。

- 彼此依赖。

- 共同做决定。

- 认为社群是比他们所有的个人关系加起来的总和还要庞大的事物，而他们是其中的一分子。

- 长期致力于为自己、为彼此、为团队谋福利。

同一个社群的人目标基本一致。正如作家兼编辑罗恩·泽姆克（Ron Zemke）所说，社群中的人会为了实现有意义、有价值的目标而"共同努力"。目标一致性、互助性和协作性并不意味着社群中没有任何冲突，但也正是因为这些特性的存在，当冲突发生时，社群成员能够有效地解决问题。

社群感的获得不需要人们亲自到场聚在一起或一起努力，社群体验的很大一部分是心理体验。"工作中的社群心理指的是，在某个工作团队或与工作相关的团队，员工能感到自己是其中的一员，有参与感和认同感。"有一种"我们共同面对"的感觉，对于每个成员来说，这确立了对结果的承诺，并且感到有责任发挥自己的作用。

现在考虑一下你所属的社群。对于你深感自己是其中一分子的社群，如何描述你在其中的经历？社群成员有共同的兴趣和热情吗？是否正为一个有意义的目标而努力？你是否有机会运用自己的技能、从独特经历中得来的思想和见解，为社群作贡献？你觉得社群成员之间相互尊重吗？社群成员是否会维护社群和彼此的最大利益？成员之间互相照顾吗？在需要时，他们愿意伸出援手吗？

虽然社群意味着"团结"，但仍然需要有意识地努力在这种团结中发展包容性。包容性能促进社群进一步发展。包容性社群的规则包括主动向多样性人群抛出橄榄枝，邀请他们加入，并且认识到多样性是社群的一个优势。

为什么我们在意能否建立起多元和包容的社群，而不是仅仅满足于作为职场社群集体共存？

吉尔伯特·费尔霍姆（Gilbert Fairholm）在《领导力透视：从科学到心灵》（*Perspectives on Leadership: From the Science of Management to Its Spiritual Heart*）一书中解释道："社群意识通过使命感和归属感为社群成员的生命注入活力，让他们觉得自己属于一个行为有意义的群体。"建立社群有助于健康工作关系的形成，这些关系则有助于建立更强大的情感联系，从而提高职场归属感和承诺感。社群意识还有可能强化积极的自我认知，增强自尊，提升道德水平，以及提升对自己在社群中地位的安全感，所有这些都有助于减轻压力，提高工作绩效。

变得更好实验室关于职场归属感的一项研究发现，归属感强的员工工作效率和整体工作绩效都较高，离职率和缺勤率均较低，他们的雇主也因财务表现和工作效率的提高而受益。要想在职场成为一个有影响力的人，最基本的条件是能够满足绩效预期，能够为团队和组织的目标作出贡献。

建立多元和包容的社群，可以提升社群成员的价值，在彼此之间建立更牢固的关系和社会资本。如果存在信任感，社群成员之间就能产生影响力。作为社群成员，人们会更有力量和话语权，每个人的作用都不可或缺。人们作为一个有凝聚力的整体出现，为共同的目标提供支持，这可以增强他们在社群之外的总体影响力。

如果我们人类生活在一个没有任何差异性的世界，所有的思想、想法、观念、才能、技能和经验都一样，我们只能反复得到一样的结果，没有任何进步。这种情况在企业中并不少见。要摆脱这种状态，重要的是成为一个多元、公平和包容的社群。

杰克逊（Jackson）是一家电信公司的企业发展总监。长期以来，公司上下各个部门都是各自为政，给工作带来了很大的难度，尤其是需要迅速做决策或采取行动时。杰克逊决心改变这种公司文化，他明白最好的方法之一就是以身作则。在一次行业大会期间，他曾参加过一场关于在职场建立多样性和包容性社群的会议，知道应该从哪里开始着手。他敢于反思自我，也因此得以发现自己的团队有机会更好地合作。虽然团队每年都制定集体目标，但对于团队的真正目标，以及努力实现的最终结果，却不够明确，参与不多。因此，尽管他们就部门目标达成了一致，但私底下仍然有不同的目标和议程。

杰克逊意识到，他的团队主要由专业背景相同、经验相似的人员组成，而其中少数拥有不同资历的员工没有得到同样的重用。另外，尽管他曾努力为团队招募不同背景的员工加入，但并非所有人都被赋予了同样的职权。在外部，其他部门的领导和员工并未将企业发展团队视为战略合作伙伴。当有人提出具体需求时，他们也会受邀参加会议，但并没有影响战略决策的权力。不管是作为部门还是个体，他们的影响力并没有达到应有的程度，更没有达到能发挥作用的程度。在进一步探索后，杰克逊发现他们虽然号称自己是一个团队，但团队成员并没有真正的价值感、归属感或社群感。

你的工作环境可能已经具备多样性了，但包容性可能未在公司文化中扎根。包容性体现在以下几个方面：公司的价值观如何在公司的政策和流程里得到执行，公司里的职业发展机会如何，人与人之间是怎么互动的，公司是否有意让所有员工都参与到实现公司目标的工作中来。

当影响力得到分享和扩大后，才是最有效的。如果你感到对方是在尊重你的基础上与你交流，你就会更愿意接受他们的影响。因此，在相互尊重的前提下，随着思想交流的开放，影响力也会随之扩大。

随着公司内的工作越来越需要交给跨越职能部门、基于项目组建的团队来完成，多样化的团队在社群中能否在彼此包容的基础上工作，这种能力很重要。

培训和发展专家艾米·希利迪说："如果你在领导的位置上，就真的很需要关注如何建立社群、如何保证团队成员都能取得成功这样的问题了。你有很大的影响力，其中一部分就是要百分之百地支持每个人，不管他们经历了什么。你现在的位置正合适，能够让你通过赋予团队成员相应的岗位职权，让他们把自己的才能展示出来，从而提升你对团队的影响力。"

◎ 参与性、多样性和包容性的职场社群

参与性、多样性和包容性的职场社群有哪些特征？这些社群对有意义的共同目标有坚定的承诺，重视包容性并在实际行动中做到了包容，并且在他们内部，整个社群的成员都能享有一定的权力。

对有意义的共同目标有坚定的承诺

"在真正的社群中，最重要的一个因素也许就是其成员对未来共同愿景的承诺。"

团队并不等同于社群，随着团队朝社群的方向努力，其中会发生一个演变的过程。社群和团队都围绕一个共同目标形成。你在工作中可以是不同团队的成员，这些团队的目标都一样。为实现这些目标，你可以在一个团队中工作。但是，团队成员在多大程度上致力于目标结果和未来愿景的实现？人们加入团队，了解了团队的目标，他们会根据自己的个人价值观和优先事项来衡量团队的目标。这个目标能让所有的团队成员都从中受益，还是只会向部分成员倾斜？观察团队中其他成员是否能够围绕团队愿景达成一致，是否能够对愿景做出无私的承诺。深刻的承诺在团队成员中能激发责任感，让他们愿意为成功实现目标贡献自己的一份力量。

社群的力量来自每个社群成员的独特之处，这是一种宝贵的资产。根据你和他人之间的关系，你通过讲述一个引人入胜的故事，与他人建立了个人联系。通过了解某个社群最看重什么，你增加了自己的说服力。社群鼓励成员讲述自己的故事来吸引更多人加入，从而扩大社群的影响力。

重视包容性，对他人包容

领导者往往误把"多样性、公平性和包容性计划"的目标单一化，只做到了确保团队和企业的多样性，即接纳种族、性别、民族或地域各异的员工，这些都是人们心中普遍认为的差异性。如果他们的企业中大部分员工都符合这类基本差异类型，他们就会认为自己的企业具有包容性。这其实是一种误解。

"多样性是整个企业中个体差异（如种族、性别、信仰、年龄、技能、经验等）的混合；包容性是确保个体的混合及其差异受到重视和尊重。虽然你的企业需要多样性和包容性，但两者各自独立，而且有不同的发展重点。"乔伊·帕皮尼（Joy Papini）解释。

每个人本身在某种程度上也是多样的，拥有让自己独一无二的特征。包容性社群有意吸引更多成员加入，接纳并重视每个人的多样性。当多样性在团体或企业中不受欢迎时，会有意或无意地在其中形成内圈和外圈。内圈的成员相似性高，只对某些人开放，以显示优越感，这也会让不在内圈的人更加感到被排斥和孤立。"排他性是社群的天敌，它只会把有潜力成为社群的群体变成一个小圈子，有组织地防止社群感的产生。"乔·马尼恩（Joe Manion）和凯瑟琳·巴塞洛缪（Kathleen Bartholomew）在《职场中的社群：行之有效的人才保留策略》(*the Workplace: A Proven Retention Strategy*)中警告说。

"能承认他人的需求、价值观和意见对自己很重要的人,往往在群体中是最有影响力的成员;而那些总是强行施加影响、试图支配他人、无视他人的意愿和观点的人,往往是群体中最没有影响力的成员。"社群心理学家大卫·麦克米兰(David McMillan)和大卫·查维斯(David Chavis)在《社群感:理论与定义》(*Sense of Community: A Definition and Theory*)中写道。

授权得到扩展

社群里的人们热情满满,和自己的"初衷"建立了情感上的联结,他们积极参与目标的实现过程。他们致力于获得成功,贡献自己的才能、想法和资源来实现目标。他们有归属感,这种归属感又因他们凭借自己的贡献而得到尊重和赞赏进一步加强。

团队的成员不仅参与团队的目标实现,还关注团队的各种关系。如果每个成员的关注点和承诺都在实现团队的目标,那么他们对个人事项的担忧就相对较少。包容能增进彼此之间的信任和个人心理上的安全感。随着成员之间进行合作，彼此支持，人际关系中的社会资本就会得到深化。成员们有更强的责任感，在社群的决策和发展方向上也更有发言权。

利用自己的价值和才能作贡献时，人们不是被迫为之，而是积极自愿地做这件事。在社群里，他们的价值得到认可，让他们有了用武之地。社群欢迎他们成为其中的一分子，参与意见，制定决策。有一个信息共享、沟通透明的环境。"如果职场社群由少数拥有较大的权力和影响力的人主导，就无法蓬勃发展。"

"影响力的另一方面是请人们分享他们的想法。"桑迪·马克西表示。"我对你要表达的内容感兴趣，愿意为此改变主意。这需要集体性的努力。"

◎ 更好地参与多元和包容的职场社群的步骤

以下步骤是参与多元和包容的职场社群的路线图。

1. 培养多样性和包容性。

2. 激发归属感和参与感。

3. 释放社群影响力。

培养多样性和包容性

多样性和包容性计划必须得到管理层的积极赞助和支持，并成为公司的重点事项，才有机会改变整个公司的文化。但如果以上决定权不在你的控制范围之内，你还可以做些什么呢？

无论公司是否将多样性和包容性作为优先事项，都不妨碍你自行将其作为自己的价值观。无论你在公司中从事什么样的工作，都可以将多样性和包容性列为自己工作中的优先事项，即使这不是公司内的官方倡议。你还可以影响和改变你所属的社群中的人。

你的意图是创建一个多样性的社群，以及包容社群内部的多样性。要做到以开放的心态理解和接纳不同的个体，并包容他们，我们要富有同情心。同情心领域的专家内特·雷吉尔（Nate Regier）说："这里的同情心是一个动作，源自拉丁语词根，意思是'与……做斗争'。有同情心则表示'我们一起面对'。"

雷吉尔解释说，要让同情心发挥作用，必须在心态上打开 3 个开关。

- **价值。** 能看到自己的价值，也能看到别人的价值，倡导平等。

- **能力。** 认为自己和他人都有能力作出贡献，利用好多样性，将精力投入进一步的成长和发展中。

- **责任。** 管理好自己的感觉、思想和行为，同时也允许他人这么做。为创造更美好的明天贡献自己的一份力量。

以上 3 种心态是人才发展工作的基本要素。为了认可自身为他人的成长作贡献的能力，让自己充满自信，你需要重视自己，相信自己有能力，用适当的方法来打造最佳的人才发展体验。能看到他人身上的价值和能力，鼓励他们在发展的过程中担负起个人责任，这为他们的学习提供了最好的机会。

人才发展工作中正在迅速发生变化的领域之一，是怎样写出更具包容性的职位描述。在《如何通过改变职位描述中的一个词让应聘者更具多样性》（*How Changing One Word in Job Descriptions Can Lead to More Diverse Candidates*）一文中，考特尼·塞特（Courtney Seiter）探讨了社交媒体技术公司的案例，该公司通过调整其职位描述中的用语，提升了

公司对多样化应聘者的吸引力。之前，该公司只有不到2%的女性应聘者。后来，他们用"开发人员"取代了职位名称中的"黑客"一词，这其实更能反映出该职位的工作内容，他们还在职位描述中增加了在他们公司工作是怎样一种体验等内容。

请切换成你用于观察和感知自我以及他人的镜头，消除你在政策和实践中的偏见和评判，承诺为实现包容性尽自己的一份力量。

人才发展负责人吉米·纳尔逊表示："人才发展专业人士尤其需要深入了解自己的信仰体系、价值观和观点。如果他们在思想深处无法接纳别的群体，或者无法欣赏别人的价值，那他们是时候考虑自己的个人发展问题了。"

激发归属感和参与感

社群建立的基础是其成员对社群目标和未来愿景的共同承诺。人们关注的是这个社群是否真的有包容性，是否真正了解或关心对他们来说重要的事情，社群成员中有没有和他们一样的人，有没有人和他们有共同的兴趣和愿望。

帮助他人确定他们在社群中的位置。你需要更多地了解他们的初衷，他们在情感上的联结点，并把群体的"初衷"和目标以一种能让他们信服的方式告诉他们。人们还需要确定他们与社群是否有共同的价值观。奈勒（Naylor）、威利蒙（Willimon）和奥斯特伯格（Osterberg）在《寻找职场中的社群》（*The Search for Community in the Workplace*）一文中写道："合作、信任和同理心，是对社群的形成和存续至关重要的共同价值观。"

一旦人们确定他们认同社群的目标和价值观，并能为社群目标的实现作贡献，这时你就要考虑如何让他们加入社群了。社群围绕着人们之间的关系而形成。社群内的社会资本建立在对包容性的重视和实践基础之上，这能够提升成员的归属感和参与度。

拓展你的社群，不带偏见地与不同的人建立联系。如果你本身没有意愿接触日常认知范围之外的人，那么你就不会去做这件事情。你有没有主动约不同的人共进午餐？在推荐人才获得学习和职业发展机会时，你是否有包容性？和自己最熟悉的人、有很多共同点的人在一起时，会感到很舒服；而与你毫不了解的人接触时的感觉就恰恰相反了。这时你很容易感到脆弱。人们经常会因为对方和自己不同，而感受到

威胁，这是因为他们不了解对方。他们根据一些刻板印象，或在自己人生经历中无意形成的偏见，对别人作出判断。他们可能会想："好吧，我该说些什么？我们能聊些什么？"

从探索自己身上的多样性维度出发。多样性、公平性与包容性专家玛丽莲·洛登（Marilyn Loden）和德米特里亚·迈尔斯·麦克唐纳（Demetria Miles McDonald）分别开发了多样性轮盘和多样性表格等工具，将帮你发现哪些品质最能代表你。这些工具包括诸如种族、民族、年龄、性别、体能等常见的多样性元素，还包括一些与人们惯常认为的工作"多样性"不一样的特征，如社会地位、教育水平、政治信仰、地理位置、工作类型和家庭地位等。

找出与你如何看待自己最相关的五大维度。想一想为什么是这五个维度？这些维度在人生中给你带来了什么好处？你又因为它们遇到了哪些障碍？这对你的自我认知有何影响？别人是怎么看待你的？哪些相关的人生经历让你印象深刻？

然后考虑最不能代表你的多样性维度。哪些社群属于你最不熟悉或让你感到最不舒服的维度？这些可以成为你主动与他人建立联系的出发点。

　　做好功课，更好地了解这些社群中的个体。你可以利用你现有关系网中的联系人帮你建立新的联系。查找各种背景资料来获取信息，以便了解更多情况。注意，不要根据你获取的这些信息，试图对任何人进行归类或产生刻板印象。与你自己部门的同事、培训研讨会的参与者以及企业中的一线员工接触，进行个人层面的交流。你可能仅仅因为不了解他们，而低估其中一些人的价值和能力。找到你们的共同点作为建立社群的起点。

　　建立多样性和包容性的职场社群，要从扩大自己的圈子开始，让你的圈子包容不同的文化、观点、经历和专业知识，这些有助于打造充满活力的社群。每个人都能得到理解和尊重，你的社群提高了参与度和融合度。你积极主动地增进对社群成员的了解，通过为关系增值建立起社会资本。

　　好奇心是获得这种洞察力的关键。艾米·希利迪曾出于好奇心和别人建立了联系，并获得更大的信任："如果我们能保持好奇，并以好奇的心态而不是以评判的态度来对待一切，就能产生更大的影响力。比如，你会好奇一样东西是如何起作用的；会希望了解更多相关信息；告诉我更多关于他的事；想知道为什么是这样设置……这又可以回到信任这个因素上去，当人们不觉得你是在攻击或评判他们时，会更乐意向你提供信息。"

- 通过思考以下问题，探索你个人认同的多样性维度。可使用本章前面提到的工具，如多样性轮盘和多样性表格。
- 找出与你如何看待自己最相关的五大维度，为什么是这五个？
- 以上多样性维度给你的人生提供了什么便利，又造成了什么障碍？
- 这对你的自我认知有何影响？别人是怎么看待你的？哪些相关的生活经历让你印象深刻？

释放社群影响力

职场社群的力量来自社群成员的承诺和自愿参与、社群的宗旨带来的激励、完成使命的主人翁精神，以及成员对彼此发自内心的尊重和关心。因为这种联系，只要这个社群有机会存续，成员们就要积极、有目的地参与其中。

作家兼管理学教授亨利·明茨伯格（Henry Mintzberg）建议，社群领袖应将自上而下的领导方式转变为自中心向四周扩散的领导方式，建立更多的"社群关系"。"社群领袖的亲自参与是为了让更多的人也参与进来，这样不管是谁都可以发挥主动性。"明茨伯格解释道。领导不是万能的，影响力分布在社群成员之间。领导者或团队的任何成员都不必赋予其他成员权力，但可以营造一个可以释放影响力的环境。

多样性和包容性在创造这种环境中发挥了作用。虽然社群成员可能有话语权，但他们是否愿意代表社群说话，他们的话是否值得信任？有时人们只是在等别人来问他们。他们可能会被内部的人吓到，而且并不确定自己是否在社群中占有一席之地。

在莱昂（Leon）开展培训期间，他为参与者创建了一个学习社群，该社群在他们第一天参加培训之前就开始运行了，并在正式的培训结束之后继续存在。莱昂提前做了情况介绍，让参与者认识到自己在学习过程中能发挥重要作用，还会影响社群中每个成员的学习结果。莱昂请大家参与决定学习流程，这样每个学员都能对学习成果产生影响。莱昂确保每个学员都有机会分享自己的观点和想法，以促进大家更好地学习，尊重每个人的独特性。莱昂的理念是每个人都有可提供的"东西"。通常，人们可能没机会发现自己身上的

那个"东西"。他们可能因为社会和团队的偏见、政策和实践而不为人所知，因此没有得到与他人一样的机会来让自我发展、发声或作贡献。莱昂下决心要改变这种现象。这些学习社群正在培育新的人际关系，激励团队上下有影响力的职业人士建立起更大范围的社群。

利用人们提供的各种技能、经验和想法。当你调查了解新的学习管理系统，或确定关于新课程的需求时，你可能忽略了一线员工或初级员工，他们也可以是潜在的学科问题专家。在培训研讨会上征求意见时，尽量收集不同的意见，以便能够更客观、更有创造性地探究问题的各个方面。不要因为别人的才能而感受到威胁，将他们的贡献视为一种集体力量，当力量汇集在一起时，能够增强你实现自己目标的能力。与他人谈论他们的技能和兴趣，提出合理的建议。

为了做出更好的决策，获得最有效的业务成果，你需要团队成员自愿付出他们最大的努力。盖洛普公司 2017 年《美国职场状况》（*State of the American Workplace*）研究表明："领导者既不可能靠自己生存，也不知道所有问题的答案。征求和考虑别人的意见，才能做出更明智的决策，达成更好的结果。参与的力量非常强大，还可以衡量员工的价值感和包容性。相信自己的意见得到倾听的员工会有一种获得赏识的感觉，有机会为团队作出重大贡献。"

◎ 提高你在多元和包容的职场社群中的参与度

参与多元和包容的职场社群是人才发展工作的使命及战略举措的重要组成部分。你的任务是帮助释放人才潜力，进而最终释放组织潜力。与主要利益相关者合作，让多样性和包容性成为组织发展的基础，并将其整合到员工生命周期的各个阶段：选拔、入职、技能发展、绩效管理、职业发展和接任职位。如果有一个更具多样性和包容性的社群与你合作，倡导、支持并参与你的计划，那么你的人才发展工作将会发挥更大的效力。

"作为人才发展行业的从业者，我们应该推动职场社群多样性和包容性的发展，而不应仅仅作为培训课程的参与者退居二线。没有包容性的人——尤其是做我们这一行的——即便能成功也不会长久。这一点我非常确定。"人才发展负责人吉米·纳尔逊表示。

促进包容性和归属感的职场社群发展能够将影响力从少

数几个人扩展到大多数人。在一个环境中，如果你在和自己有直接工作关系的小组或部门内，以及与你支持的合作伙伴之间有社群的存在，那么，信任关系和伙伴关系就都能得到强化。这为你在社群范围内成为有影响力的人创造了条件，也为社群作为一个集体在其自身之外的环境里产生影响力创造了条件。

◎ 总结

多元和包容的职场社群培养了更强的归属感，提高了员工的整体绩效水平。当社群成员致力于实现更高的目标并建立社会资本时，由于信任、尊重和共同经历的关系，影响力会扩大。社群的影响力不局限于其成员范围，还能扩散到社群之外。这与我们在本书开头部分考虑的问题——如何成为一个有影响力的人——似乎相去甚远。在下一章中，我会讲到如何通过扩大自己的影响力将这些内容整合到一起。

第十章
扩大你的影响力
CHAPTER10

塔妮莎松了口气坐了下来，思考他们这一路的跌宕起伏。如果她没能说服康苏埃拉重新考虑如何利用她的影响力，如今的情况可能完全不同，康苏埃拉会更难让丹尼尔意识到，她不是在责怪他，也不是要推给他更多工作，而是想与他合作一起解决问题。在这个过程中，康苏埃拉成长了很多，并在同事和领导中赢得了更多的尊重和信任，和她团队之间的社会资本也增加了。康苏埃拉坦率地承认，对能够从客户服务团队以外的部门获得支持共同解决问题，她一开始是持怀疑态度的。不管有多困难，康苏埃拉都敢于为她的团队出头，团队永远不会忘记这一点。

塔妮莎也看到了丹尼尔的变化。这个项目把丹尼尔推到

了一个敏感的位置。当丹尼尔意识到康苏埃拉和塔妮莎支持他，与他一起面对挑战时，他卸下了自己的防御，有时甚至显示出反击的勇气，为他认为正确的事情发声。

塔妮莎为康苏埃拉和丹尼尔应对挑战的反应感到惊讶。她知道康苏埃拉工作很努力、习惯于单打独斗，这次的经历迫使康苏埃拉向他人求助，肯定让她感觉不舒服。康苏埃拉一直是一个自信的人，这次却几乎要崩溃了。现在，她终于放宽了心，轻松多了，也有了安全感。另外，丹尼尔曾是个十分难以捉摸的人，现在则变得开放许多，还经常出现在以前他从不需要参加的高层会议上，但他对自己的新职责还在摸索中，可能发言并不多。不过，每当和塔妮莎相约喝咖啡时，他还是那个和蔼可亲的丹尼尔。随着自己的团队规模变大和责任感的增强，塔妮莎意识到自己的影响力也增加了，但是她并没有掉以轻心。

◎ 特权和责任

影响力是赢得的，影响他人是一种特权，成为一个有影响力的人则是一种责任。

影响力中自有力量，你如何使用影响力，就要求你怎样承担起相应的责任。你的影响力会给他人的生活和生计带来一系列影响，也会影响你自己的生活和生计。你的影响力应该建立在良心的基础上。

永远不要忘记，影响力主要是关于你如何生活，而不是做了什么。影响力不等同于你为了说服别人而使用的策略。你的价值观和动机体现在你产生影响力时所说的话、所做的事和选择上，这些都在世界上留下了印记。看似无关紧要，但后果（有意或无意）却是真实存在的。扪心自问，你是凭良心做出这个决定的吗？如果你是一个正直善良的人，灵魂会告诉你，你是否做了正确的事情，是否以诚实的方式影响他人。你会听吗？

希望你能认真对待自己的责任，对他人施加好的影响。你正在成为一个有影响力的人，请按这个标准要求自己。

◎ 成为有影响力的人

吉米·纳尔逊说："只要你一直在成长、发展，在朝着让自己变成更好的人这个方向前进，总的来说，我认为你的

影响力就会增长。但如果你停下来想，'我已经完成了'，'我已经做到了'，'我这样已经很好了'……那你就要栽跟头了。关于影响力我得到的一个教训是，你必须不断地改变，不断地调整自己，改变自己的观点，并深入审视自己。"

我们在人才发展方面的工作跨越了整个企业，以确保人才做好准备，能够实现目前和未来的工作绩效目标。仅仅专注于满足当下的需求是不够的，人才发展专业人士是有前瞻性的思考者和创新者，是推动变革的人。要有效地做到这一点，需要我们勇敢地挑战自己，挑战我们的企业，从而进一步成长。

企业正朝着跨职能团队的方向发展，不再是部门之间各自为政。工作地点也发生了变化，在不可预见的未来，远程或混合工作安排还将持续。知识经济和技术经济的发展比以往任何时候都更加迅速和充满活力，我们的企业就在其中参与竞争，这需要对企业进行重组，并重新开发人力资本。人才发展处于这些工作的最前沿，影响到我们的企业以及其中的人才能否适应未来和引领未来。无论你在人才发展工作中的岗位是什么，都会影响到这些结果。

这对你来说意味着什么？如何成为你希望成为的有影响

力的人？如何在企业内部发展影响力文化？

你的路线图应侧重以下两个关键领域：

1. 利用 SCALE 原则提升影响力。

2. 培养你获得职业成功所需要的能力。

影响力对于任何领导者或职业人士来说都是至关重要的软技能。如果你拥有职位权力，可能会认为，影响力会因你的职位而自动产生。这样你就大错特错了。权威力量可能让接受你领导的人顺从你，但要想得到他们情感上的认同，你还需要付出额外的努力。

影响力像真正的领导力一样，是需要靠努力赢得的。本书中概述的影响力原则让你能够扩大实践范围，对同事、经理、领导、直接下属、合作伙伴和客户产生更深层次的影响力。

◎ 使用 SCALE 原则评估你在影响力方面的能力

自我意识是一个关键的起点。在本书的附录部分（第205 页）有一份自我评估，用 SCALE 影响力五原则对你目前的做法进行评估。完成评分练习后，把分数记录在表 10–1

中（画圈）。

表 10-1　SCALE 原则评分练习

影响力原则	这一项我真的需要改进			这一项我做得很好	
社会资本	1	2	3	4	5
勇气	1	2	3	4	5
真实性	1	2	3	4	5
热情投入	1	2	3	4	5
参与多元和包容的职场社群	1	2	3	4	5

◎ 确定起点并采取行动

下一步是确定一个起点，进一步改进你在影响力方面的做法。这些原则不是线性的，不需要按线性方式发展。

评分为 4 分或 5 分的原则表明你已经在那个领域做得很好了。其中哪些做法应该继续保持？首先，专注于这些优势领域并有意识地采取行动，将使你获得最大的收益。在每章中回顾这些原则的特点，你根据这些原则实践的结果如何得到复制？

哪些领域需要更多关注？评分为 1 分、2 分或 3 分的原则表明你需要更加努力，是你进一步发展的重点。从 3 分的原则开始，把 3 分提升到 4 分或 5 分相对容易。问自己以下问题：

● 如果不止一项原则的评分为 3 分，考虑到你目前的岗位、工作环境或状况，你认为先专注改进哪一条原则能获得最大收益？

● 反思一下你为什么给自己这样的评分，最突出的原因是什么？

● 在每章中回顾这些原则的特点。你在这些原则上的实践结果如何得到复制？你希望发生什么？

● 在这一原则下，你应该采取哪些措施来更好地扩大自己的影响力？

在接下来的 7 天里，采取哪一步对你最有利？

现在将每项原则的行动步骤列在下面，供你参考：

增加社会资本的步骤

1. 主动出击。

2. 无私地增加价值。

3. 建立尊重和信任。

提升自己勇气的步骤

1. 拥抱挑战。

2. 通过准备降低风险。

3. 不要孤军奋战。

提升真实性的步骤

1. 发现真实的自我。

2. 学会适应，但别做作。

3. 保持谦逊。

提升热情投入的步骤

1. 探究"初衷"。

2. 提升专业技能。

3. 全力以赴。

更好地参与多元和包容的职场社群的步骤

1. 培养多样性和包容性。

2. 激发归属感和参与感。

3. 释放社群影响力。

若是下决心采取行动，请使用本书附录部分中提供的工具和资源，帮助你开始采取行动，加速转型。把你的目标告诉那些能帮助你保持责任感并让你走上正轨的人。不断进步，不断反思，自己表扬自己有勇气向前迈进，而且能够完成这些任务。

◎ 培养获得职业成功所需要的能力

如果你想成为一个有影响力的人，你必须具备获得职业成功所需要的能力。对业务成果的已有贡献为你建立了基本的可信度。人才发展专业人士可以重点增进人才发展协会人才发展能力模型的 3 个领域的能力。不管是不是人才发展专业人士（领导者尤其需要），你都需要有效地运用基本的软技能（个人能力），展示娴熟的技术专长和领导力技能（专业能力），并对实现组织目标和提升人才能力产生有意义的影响（组织能力）。没有这些实质性的基础，你就无法成为一个有影响力的人。你必须有效地证明你拥有这些能力。

当这些能力显而易见时，你就能扩大自己的影响力了。这不是个一劳永逸的过程，对这些能力的提升和展示需要持续进行。

如果你不是人才发展专业人士，请确定哪些能力适用于你的专业领域或行业。个人、职业和组织能力的基本框架可能相似，但具体细节会有所不同。你会发现，许多个人软技能对任何行业或工作职能来说都是基础性的，如果你担任的是领导职务，则有望起到榜样作用。

◎ 评估你的能力水平

首先对人才发展能力模型或特定职业模型中的能力进行自我评估。人才发展协会网站提供了辅助工具，更详细地说明了模型的组成部分和自我评估工具的使用方法。对于其他专业人才，类似人才发展协会的专业协会会提供相关信息和资源。

◎ 确定起点并采取行动

下一步是确定一个起点，进一步提升能力。自我评估

所用的工具和资源能为确定自己的优势和机会提供指导和
建议。

一般来说，其操作步骤和影响力原则类似。

根据自我评估结果，找出你已经做得很好的领域，其中
哪些做法应该继续？首先，专注于这些优势领域并有意识地
采取行动，将使你获得最大的收益。

哪些领域需要更多的关注和进一步发展？你可以问自己
以下几个问题。

- 考虑到你目前的岗位、工作环境或状况，你认为先专
  注改进哪一条原则能获得最大收益？

- 反思你为什么给自己这样一个评分，最突出的原因是
  什么？

- 在这一原则下，你应该采取哪些措施来更好地扩大自
  己的影响力？

- 在接下来的 7 天里，采取哪些措施对你最有利？

提醒自己不要骄傲自满，要致力于成为一个受人尊敬的
有影响力的人。遵循这样一个发展过程：自我意识、采取行
动、回顾取得的进步、做出必要的调整。记住，这是一段旅
程，不是百米冲刺。

　　吉米·纳尔逊告诉我，根据他的经验，个人责任感通常已经成为人才发展专业人士必备技能的一部分："也许这是从事学习和发展工作的专业人士，甚至也包括其他行业的专业人士，都需要具备的一种内在个人责任感，正是这种内在的责任感指导着你的行为。这就是我想做到的。"

◎ 通过 SCALE 能力在企业中发展影响力

　　由于员工在每天的工作中都需要与人互动，因此能否推动他人一起努力实现共同目标至关重要。影响力在企业中如何发挥作用，反映出个人关系和工作关系在企业中得到了怎样的重视和尊重。让企业中有影响力的人进一步成长，能为企业带来有价值的回报。社会资本创造了一个适宜的工作环境，在其中人们以包容和真实的方式与他们的工作和同事相联结。精湛的技术和丰富的知识让他们能够勇敢地挑战现状，满怀热情地为企业的发展作出贡献，他们不仅在践行企业的价值观，还创造了企业的价值观。

　　在整个企业中培养影响力的第一步是强化企业的价值观。人们对于价值观如何在员工互动、促进工作关系以及培养影响力方面发挥作用有明确的预期。例如，以尊重和正直为核心价值观，指导员工如何以建设性和富有成效的方式产生和发展影响力。在高绩效的职场中，影响力不是操纵性或强制性的。

我们也可以把本书中讨论的 SCALE 基本影响力原则教给企业内各个级别的专业人员，可以通过建模和开发培训计划，将这些技能整合到企业文化中，帮助其他人使用这些影响力原则。

当你为行为建模时，让其他人知道你建模的原则及其重要性。例如，人们通常会很忙，很难找到时间投资于个人发展。确定一个能提高知识水平和价值的认证或技能，安排好培训和学习时间。告诉其他人这将如何让你和企业受益，以及你期望这将如何增强你通过自己的岗位发挥更大影响力的能力。

制订一个影响力软技能培训计划，该计划与个人发展类似，侧重于建立对当前实践的自我意识，并根据 SCALE 原则建立影响力能力。你的团队应该已经为领导者和个人贡献者明确了核心价值观和行为预期，影响力应该作为其中的重点优先事项。

你要认识到这些影响力原则在个人成长中怎样得到体现，对个人、团队和组织绩效有怎样的影响？

◎ 扩大你的影响力

当前正是人才发展工作大显身手的好时机。身边的事物迅速变化，人才发展工作地位独特，对确保企业跟上变化的脚步进而引领变化，能够起到重大的作用。

你准备好进入这个角色了吗？你准备好释放自己的潜力成为那个有影响力的人了吗？

■ 附录

资源

使用以下辅助工具和资源，帮助你加速转型，成为有影响力的人。

我的个人价值清单

通过无私增加工作关系价值而建立起社会资本，我们的影响力也会随之增长。有时我们觉得自己没什么可贡献给他人的，但实际上你可以贡献的比你自己意识到的要多。

对照以下问题进行思考，盘点你已拥有的资产。这些领域中的每一项技能都有可能为你的职业圈子贡献价值。

我的特殊技能、能力和专业知识：

_____

_____

我关于某领域的专业知识和经验：

_____

_____

我获得的证书、认证和专业资质：

_____

_____

获取资源的途径：

_____

_____

关系网和联系人：

_____

_____

职业和专业经验：

_____

_____

在和同事、团队、客户和公司相关的工作关系中，我可以通过哪些方式使用这些资产来增加价值？

_____

_____

拥抱挑战

　　当遇到困难或让你感到不舒服的情况时，更仔细地评估现实状况，这可以帮助你确定是否以及如何继续。做出明智的决定可以增强你的勇气和影响力。以下一系列问题可以作为帮你仔细思考是否迎接挑战或如何前进的决策工具。

　　请描述这项挑战：

_____

_____

　　有哪些困难？

_____

_____

　　解决这个问题有多重要？（0＝一点都不重要；5＝非常重要。）

_____

_____

　　最糟糕的结果可能是什么？

_____

_____

对所有相关人员来说，最好的结果可能是什么？

_____

_____

面对挑战，我有哪些选择？

_____

_____

每种选择的优缺点是什么？

_____

_____

我可以采取什么措施来实现最好的结果？

_____

_____

我个人的价值观和企业的价值观会如何影响我的决定和行动？

_____

_____

"展示脆弱的一面"相关资源

评估工具

　　这张表列出了我最熟悉并愿意推荐的几种行为和个性评估工具。列表中并未穷尽市面上所有可使用的评估工具。

资源	评估	来源
TTI 成功洞察	行为（DiSC） 驱动力 软技能 情商 360 度反馈 压力	网络
SHL	SHL 职业人格问卷（OPQ） SHL 动机问卷（MQ） 通用能力框架（UCF）	网络
迈尔斯 – 布里格斯公司	迈尔斯 – 布里格斯型指标（MBTI）	网络
霍根评估	霍根性格调查表 霍根发展调查 动机、价值观、偏好清单	网络
预测指数	预测性指数行为评估	网络

"诉诸初衷"相关资源

评估工具

资源	评估	来源
TTI 成功洞察	驱动力	网络
SHL	SHL 动机问卷（MQ）	网络
霍根评估	动机、价值观、偏好清单	网络
预测指数	预测性指数行为评估	网络

激发归属感和参与度

探索自己多样性的发现工具

为了激发团队和组织中的归属感和参与度，首先探索自己的多样性维度。思考以下问题时，请参考使用多样性轮盘和 / 或多样性表格。

A. 找出与"你如何看待自己"关系最密切的 5 个多样性维度。

1. _____

2. _____

3. _____

4. _____

5. _____

为什么是这 5 个?

_____

_____

这些维度在人生中给你带来了什么好处?

_____

_____

因为这些维度，你遇到了哪些障碍？

_____

_____

这对你的自我认知有何影响？别人怎么看待你？

_____

_____

哪些相关的生活经历让你印象深刻？

_____

_____

B. 确定最不代表你的多样性维度。

1. _____

2. _____

3. _____

4. _____

5. _____

哪些群体代表了你最不熟悉或让你不舒服的维度？这些可以成为你有意与他人建立联系时的起点。

◎ 用 SCALE 原则评估你的影响力能力

根据你在本书中了解到的每一种 SCALE 影响力原则，你会如何评价你目前在各方面的做法？

- 圈出你的评分，回答每个原则下的思考题。
- 完成评分和反思后，在第 10 章表 10–1 中记录 5 项原则的评分。
- 按照表格后面列出的步骤确定起点并采取行动。

如何评价自己目前的做法

社会资本　1 2 3 4 5

你这样评分的原因是什么？

_____

_____

你是否想到了某些做法或情况？

_____

_____

勇气 1 2 3 4 5

你这样评分的原因是什么？

_____

_____

你是否想到了某些做法或情况？

_____

_____

真实性 1 2 3 4 5

你这样评分的原因是什么？

_____

_____

你是否想到了某些做法或情况？

_____

_____

热情投入　1 2 3 4 5

你这样评分的原因是什么？

_____

_____

你是否想到了某些做法或情况？

_____

_____

参与多样性和包容性的职场社群　1 2 3 4 5

你这样评分的原因是什么？

_____

_____

你是否想到了某些做法或情况？

_____

_____